oekom

ClimatePartner°
klimaneutral
Verlag | ID: 128-50040-1010-1082

Dieses Buch wurde klimaneutral hergestellt. CO_2-Emissionen vermeiden, reduzieren, kompensieren – nach diesem Grundsatz handelt der oekom verlag. Unvermeidbare Emissionen kompensiert der Verlag durch Investitionen in ein Gold-Standard-Projekt. Mehr Informationen finden Sie unter www.oekom.de.

Bibliografische Information der Deutschen Nationalbibliothek:
Die Deutsche Nationalbibliothek verzeichnet diese Publikation in der Deutschen Nationalbibliografie; detaillierte bibliografische Daten sind im Internet über http://dnb.d-nb.de abrufbar.

4. Auflage

Gesellschaft für ökologische Kommunikation mbH, Waltherstraße 29, 80337 München

Designkonzept & Layout | Anneliese Bunk
Umschlaggestaltung | www. buero-jorge-schmidt.de
Umschlagabbildung | © Annabelle Breakey

Bildnachweis
123rf.com | Ana Vasileva | luminis | Dimitar Bosakov | Bidouze Stephane | Sue Robinson | phartisan | Nadezda Nikitina | Andrii Gorulko | Alessandro De Leo | truembie | Zaneta Baranowska | a41cats | serg_v | Kari Hoglund | kzenon | udra | tezzstock | Tatiana Gladskikh | Heinz Leitner | Jari Hindstrom | Udom Jinama | Richard Whitcombe | Anton Starikov | Wavebreak Media Ltd | design56 | Jacek Nowak | spotmatikphoto | Ruslan Solntsev | Lina Mikuckiene | Kurhan | Angel Luis Simon Martin | Klaikungwon Sudsawat | katyjay | melpomen | Nagy-Bagoly Arpad | Erich Teister | belchonock | Anna Yakimova | Monika Wisniewska | leisuretime70 | Ivan Dzyuba | Tetyana Kochneva | eduardsv | Vetre Antanaviciute-Meskauskiene | Brent Hofacker | serezniy | Oksana Kuzmina | Urs FLUEELER | auiapichart | Cathy Yeulet | Dmitriy Shironosov | Laurentiu Iordache | Olga Kriger | Joerg Beuge | dotshock | mitarart | Vesna Cvorovic | Sunanta Boonkamonsawat | Anna Bizoń | Jozef Polc | ginasanders | Sinisha Karich | Pipatpong Kraitip | Igor Yaruta | Ruslan | norazaminayob | yonibunga | Anna Bizoń | Sumetee Theesungnern | Prapass Wannapinij | thamkc | Thi Hong Hanh Mac | Jelena Katavic | Tatyana Aksenova | Günter Menzl | vanillaechoes | Prudencio Alvarez | Jozef Polc | Cathy Yeulet | Olga Volodina | Ratsadapong Rittinone | Alexandr Vedmed | Marina Sokolova | Oleg Doroshin | Michael Simons | Pamela McAdams | Anna Pustynnikova | iStockphoto | bskdesigns | pralineparadise | pixelio.de | Simone Hainz | fotolia | Nik | Nadine Schubert | Anneliese Bunk| Autorenfoto Oliver Nieder | Sylvia Willax | Norasit Kaewsai & Maksim Shebeko | syntika82 | yupiramos | shantishanti | coliap | Kristaps Eberlins
Vielen Dank an die nachfolgenden Unternehmen und Personen für die Bereitstellung von Bildmaterial: Fattoria La Vialla www.lavialla.it | J. WECK GmbH u. Co. KG | Bee‘s Wrap | soulbottel.com | Marisa Hart babykindundmeer.de | Bürstenhaus Redecker GmbH | thetiffinproject.org | Julia Schmidt windelwissen.de | HABA Online Shop Habermaaß GmbH | Arnold Holste Wwe | Alnatura Produktions- und Handels GmbH | Savon du midi | dm-drogerie markt GmbH + Co. KG

Druck | Friedrich Pustet GmbH & Co. KG, Regensburg
Dieses Buch wurde auf FSC®-zertifiziertem Recyclingpapier (Circle*Offset* Premium White) und auf Papier aus anderen kontrollierten Quellen gedruckt.

ISBN | 978-3-86581-784-6

FSC
www.fsc.org
RECYCLED
Aus Recyclingmaterial
FSC® C014889

Anneliese Bunk & Nadine Schubert

Besser leben ohne Plastik

Tipps und Rezepte, die zeigen, wie es anders geht

Inhalt

Alle Zutaten sind plastikfrei erhältlich

PLASTIKFREIE REZEPTIDEEN

SERVICE

WIR KÖNNEN ZUM JETZIGEN ZEITPUNKT NICHT BEHAUPTEN, DASS ES IRGENDEINE FORM VON SICHEREM PLASTIK GIBT.

Fred vom Saal aus dem Film Plastic Planet

Vorwort

Sie sind sehr wahrscheinlich einer von Millionen Deutschen, der seinen Müll gewissenhaft trennt. Der Dosen in den Metallcontainer, Altpapier in die Papier- und Küchenabfälle in die Biotonne wirft. Plastik landet im Gelben Sack oder wird gesammelt, penibel sortiert und im Wertstoffhof abgeliefert. Deutschland ist Recycling-Weltmeister. Und das ist auch gut so.

Aber jetzt mal ehrlich: Über wie viel Müll bzw. Wertstoffe sprechen wir in Ihrem Haushalt? Stören Sie sich manchmal an den Bergen gelber Säcke? Oder sind Sie sogar schon einen Schritt weiter und wissen um die schädlichen Inhaltsstoffe von Plastikverpackungen und -produkten?

Wenn Sie – wie wir – die Nase voll haben von der Plastikflut, wenn Sie auch ohne oder mit weniger Plastik leben möchten, dann lesen Sie weiter. Denn ein Leben ohne Plastik ist möglich. Die Tipps in diesem Buch beweisen es. Wir zeigen Ihnen anhand einfacher Beispiele wie und wo Sie Plastik einsparen und ersetzen können. Schritt für Schritt. Sie selbst bestimmen Tempo und Umfang.

Viel Erfolg!

Anneliese Bunk & Nadine Schubert

GESUNDHEIT UND UMWELT

Plastik schadet der Umwelt

Jeder Deutsche verbraucht laut Umweltbundesamt im Jahr 76 Plastiktüten. Das sind 11 700 Tüten, die pro Minute über die Ladentische gehen. Insgesamt produziert jeder Deutsche über 300 Kilogramm Plastikmüll im Jahr.[1] Nur gut 40 Prozent davon werden zu neuen Plastikprodukten verarbeitet, der Rest landet in der Müllverbrennung.

Über acht Millionen Tonnen Plastikabfälle gelangen jedes Jahr in die Ozeane.[2] Meeresbewohner verwechseln Kunststoffe oft mit Nahrung und verenden an gefressenem Plastik. Andere verfangen sich in Kunststoffmüll und sterben qualvoll.
Plastik bedroht die Artenvielfalt. Chemikalien und Weichmacher werden mit der Zeit freigegeben und gelangen so in die Umwelt. In den Organismen von Mensch und Tier führt dies zu Hormonveränderungen. Die Folgen sind Fruchtbarkeitsstörungen, Verweiblichung der Männchen und Missbildungen bei Nachkommen. Bisher galt Plastik vor allem als Problem der Ozeane. Neue Studien belegen, dass auch deutsche Binnengewässer mit Mikroplastik, zum Beispiel aus Waschmitteln, Textilien und Duschgels, belastet sind. Am Ufer des Starnberger Sees zählten die Wissenschaftler beachtliche 831 Plastikteilchen pro Kubikmeter. Der Rhein ist wie kaum ein anderes Gewässer mit Plastik verunreinigt.

Plastik verrottet nicht. Eine Plastiktüte zerfällt frühestens nach 100 Jahren. Plastikflaschen benötigen laut Umweltbundesamt sogar 450 Jahre für ihre Zersetzung.

[1] Statista 2011 [2] The Ocean Clean-up Project 2015

Weitere Informationen

- www.plastic-planet.de
- www.theoceancleanup.com
- www.bund.net/themen_und_projekte/chemie/achtung_plastik/
- www.greenpeace.de/search/plastik

Plastik macht krank

Plastik ist überall: Wir atmen es. Wir trinken es. Wir essen es.
Die genauen Folgen für unsere Gesundheit sind heute noch nicht absehbar.

Die Weltgesundheitsorganisation warnt davor, dass Kunststoffverpackungen Schadstoffe an Lebensmittel abgeben. Studien belegen, dass viele schwere Krankheiten im Zusammenhang mit solchen hormonähnlich wirkenden Substanzen stehen.

Dazu gehören unter anderem:

— Fruchtbarkeitsstörungen
— Früh- und Fehlgeburten
— verfrühte Pubertät und Brustentwicklung
— Allergien
— Schilddrüsenerkrankungen
— Herzerkrankungen und Diabetes Typ 2
— hormonell bedingte Fettleibigkeit
— Krebserkrankungen
— Hyperaktivität und neurologische Erkrankungen
— verminderte Spermienqualität und Verweiblichung
— Lebensmittelunverträglichkeiten.

Kinder sind durch Substanzen, die den Hormonhaushalt beeinflussen, besonders gefährdet. Da sie sich in der Entwicklung befinden, ist ihr Organismus extrem empfindlich und anfällig für Störungen.

Plastik enthält gefährliche Weichmacher. Am häufigsten genannt werden Phthalate. Außerdem wird vielen Kunststoffprodukten Bisphenol A (BPA) zugesetzt. Diese Stoffe beeinflussen den Hormonhaushalt und können zu Veränderungen der Geschlechtsorgane führen.

Weitere Informationen

— www.plasticontrol.de
— www.bund.net/themen_und_projekte/chemie/hormonelle_schadstoffe
— www.umweltbundesamt.de/sites/default/files/medien/publikation/long/3540.pdf
— www.sueddeutsche.de/thema/Plastik

Körperpeelings können bis zu
90%
Mikroplastik enthalten
Quelle: Frauenhofer Institut
89 Mrd.
Liter Wasser werden jährlich weltweit in Plastikflaschen abgefüllt, 80 Prozent dieser Flaschen landen im Müll
800 Mio.
PET-Flaschen sind pro Jahr in Deutschland im Umlauf
450 Jahre
dauert es ca. bis eine Plastikflasche zerfällt, Flaschenwasser verursacht eine 90- bis 1.000-fach höhere Umweltbelastung als Leitungswasser
Quelle: reset.org
3,9 Mio.
Mikroplastikteilchen wurden im Rhein pro Quadratkilometer als Spitzenwert gemessen
Quelle: Universität Basel

Jedes Jahr verenden
1.000.000
Seevögel durch Kunststoffe
Quelle: NABU
Plastik im Blut
90%
aller Menschen sind betroffen
Quelle: Universität Bonn

Wie gelangen die Schadstoffe in unseren Körper?

Alle Produkte aus Plastik geben nach und nach Schadstoffe ab – und das über viele Jahre hinweg. Sind sämtliche Weichmacher entwichen, wird der Kunststoff spröde und zerfällt.

Atmung

Laminat- und PVC-Böden sowie Autoarmaturen und Möbel geben schädliche Inhaltsstoffe an die Luft ab, die wir atmen.

Nahrung

Plastikverpackungen von Lebensmitteln setzen Schadstoffe frei, daher sind alle eingeschweißten Nahrungsmittel belastet. Besonders betroffen sind fetthaltige Produkte wie Käse, Wurst, Knabbereien und Fruchtgummi, aber auch Getränke in Plastikflaschen.

Haut

Durch direkten Kontakt mit Kunststofffasern (Polyester, Acryl – wie in Bettwäsche, Mikrofaserhandtüchern, Fleecepullovern oder Sportbekleidung) gelangen Schadstoffe in unseren Körper. Gefahr birgt auch der Hautkontakt mit Weich-PVC in Luftmatratzen und Spielsachen, Nagellacken, Cremes, Shampoos, Seifen, Parfums und Deodorants. Hier sorgen Phthalate für ein »schönes Hautgefühl« und eine »gute Konsistenz«.

Mund

Plastikgeschirr und -besteck stehen unter Verdacht, gesundheitsschädigend zu sein. Besonders gefährdet sind Kleinkinder, die alles in den Mund stecken. Auch Antihaftbeschichtungen von Pfannen und Backformen können giftige Inhaltsstoffe abgeben.

Wo lauern die Gefahren?

Viele Studien belegen, dass der Gebrauch von PET, PVC, Polycarbonat, Polystyrol und Melamin gesundheitliche Risiken birgt. Die genauen Folgen für den Menschen sind noch nicht absehbar. Sicher ist jedoch: Gesundes Plastik gibt es nicht! Denn jede Form von Kunststoffen enthält gefährliche Chemikalien, die negative Auswirkungen haben, auch wenn Langzeitstudien noch nicht vorliegen.

PET

Polyethylenterephthalat (PET) wird am häufigsten für PET-Flaschen verwendet. Auch Bäckertüten mit Sichtfenster und Cellophantüten für Plätzchen und Süßigkeiten sind aus PET. Es enthält keine weichmachenden Phthalate. Allerdings gibt PET mit der Zeit Acetaldehyd ab. Dieses entsteht auch, wenn der Körper Alkohol abbaut. Acetaldehyd führt zu den typischen Symptomen eines »Katers«. Kommt es zu einer vermehrten Ansammlung, drohen Leberschäden. Laut EU-Liste steht Acetaldehyd im Verdacht, Krebs zu verursachen. Forscher der Universität Frankfurt haben entdeckt, dass PET-Flaschen hormonell wirksame Stoffe abgeben.

PVC

Polyvinylchlorid ist ein spröder Kunststoff, der den wohl höchsten Anteil an Bisphenol A enthält – häufig 50 Prozent und mehr. Der Weichmacher sorgt dafür, dass PVC biegsam, flexibel und geschmeidig wird. Vor allem, wenn daraus Bodenbeläge, Kunstleder für Bekleidung, Duschvorhänge, Luftmatratzen oder Quietscheenten hergestellt werden.

Polystyrol

Bei der Herstellung von Polystyrol kommt das krebserregende Benzol zum Einsatz. Styrol schädigt nachweislich das Fortpflanzungssystem. Es wird häufig zu Dämmmaterial und Blisterfolie verarbeitet.

Polycarbonat

Polycarbonate werden aus dem Atemgift Phosgen und Bisphenol A hergestellt. Phosgen ist ein toxisches Gas und führt schon in geringen Mengen zum Tod. Polycarbonate stecken dennoch in fast allem, was durchsichtig und bruchsicher sein soll. Wir finden es überall in unserem Haushalt. Die Schadstoffe werden vor allem beim Erhitzen freigesetzt.

Melamin

Melamin wird häufig zu Geschirr, Besteck und Kunstharzen verarbeitet. Besonders gefährlich ist das Erhitzen von Melamin – zum Beispiel in der Mikrowelle. Denn dabei werden sogenannte Melaminsalze und Formaldehyd freigesetzt. Diese Stoffe verursachen – regelmäßig aufgenommen – Blasen- und Nierenschäden (Melamin) oder aber Atemwegserkrankungen, Allergien und Krebs im Nasen- und Rachenraum (Formaldehyd). In Tierversuchen wurde das bestätigt.

Kunststoffe: Wofür werden sie verwendet?

Auf der Rückseite der meisten Kunststoffprodukte findet man einen Recyclingcode, der Auskunft über den verwendeten Kunststoff gibt. Vor allem Verpackungsmaterial wird gekennzeichnet. Bei Produkten wie Vorratsdosen, Geschirr und Spielzeug fehlt die Kennzeichnung häufig.

01	02	03	04	05	06	07
PET	**HDPE**	**PVC**	**LDPE**	**PP**	**PS**	**OTHER**
Polyethylen Terephthalat	High Density Polyethylen	Polyvinyl Chlorid	Low Density Polyethylen	Polypropylen	Polystyrol	z. B. Nylon, Polycarbonat
Getränkeflaschen Trinkflaschen Fleecestoffe Sportkleidung Cellophantüten Geschenkfolien	Flaschen: Duschgel Shampoo Putzmittel Pflanzenöl Wasserrohre	Fensterrahmen Tapeten Bodenbeläge Kunstleder Babypuppen Quietscheente	Einkaufstüten Müllbeutel Cremetuben Folien: Landwirtschaft Taschentücher	Brotzeitdosen Messbecher Klebeband Autoteile Blumentöpfe Unkrautvlies	Joghurtbecher Einweggeschirr CD-Hüllen Lichtschalter Duschkabinen Styropor	Melamingeschirr Haushaltsgeräte Brillengläser CDs DVDs Milchpumpen

Weichmacher

Weichmacher werden von Wissenschaftlern als »chemische Umwelthormone« bezeichnet. Sie sorgen dafür, dass sprödes, hartes Plastik elastisch, biegsam und geschmeidig wird und werden vor allem in Kunststoffen, Artikeln aus Gummi, Textilien, Lacken und Dichtungsmassen verwendet.

Die am häufigsten verwendeten Weichmacher sind Diethylhexylphthalat (DEHP), Dibutylphthalat (DBP) und Benzylbutylphthalat (BBP). Es gibt jedoch viele weitere. **www.weichmacher.de**

Sie kommen in vielen Alltagsprodukten vor. So findet sich BBP in Bodenbelägen aus PVC, in Haarspray, Parfüm, Leim und Kleber, Hartschaum oder Gummirollen. DBP wird in der Medizin verwendet. Tabletten und Kapseln, die sich erst im Magen auflösen sollen, werden damit beschichtet. DEHP kommt in medizinischen Produkten wie Katheter, Blutkonserven und Magensonden, aber auch in Farben, Gummi und Kosmetika vor.

Weichmacher werden mit der Zeit aus den Produkten ausgewaschen und an die Umgebung abgegeben. So kommen sie in Kontakt mit Lebensmitteln, die in Folie eingeschweißt sind. Sie gelangen über Haut oder Speichel direkt in den Körper, zum Beispiel, wenn Kleinkinder Plastikspielzeug in den Mund stecken.

Wissenschaftler fanden im Blut und Urin von Kindern und Erwachsenen beachtliche Mengen an Weichmachern.

Wenn ein Gegenstand aus Plastik spröde wird und bricht oder reißt, hat er all seine weichmachenden Inhaltsstoffe abgegeben. Extremes Beispiel: Eine Babywindel braucht 350 Jahre, bis sie sich in der Natur vollkommen zersetzt hat. So lange hat sie Zeit, Schadstoffe an die Umwelt abzugeben. Wenn man bedenkt, wie viel Plastik sich bereits in den Meeren befindet, ist das eine besorgniserregende Rechnung.

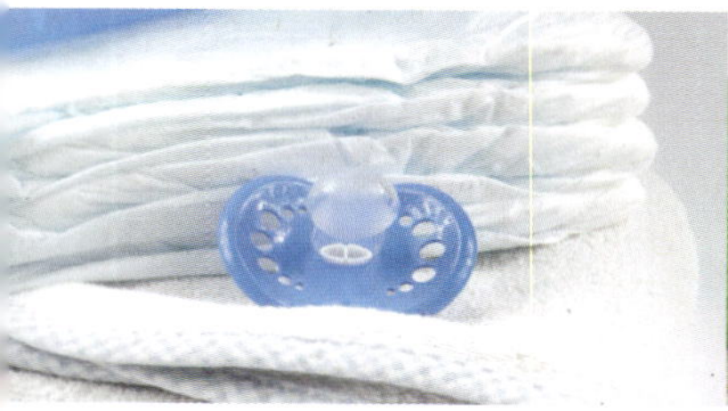

Gefährliche Industrie-Chemikalie: Bisphenol A

Die Chemikalie Bisphenol A (BPA) wird häufig als Weichmacher bezeichnet, da auch sie in zahlreichen Alltagsprodukten enthalten ist, um spröde Kunststoffe formbar zu machen. Dabei sorgt BPA vor allem für deren Stabilität.

BPA steht unter Verdacht, den Hormonhaushalt enorm zu beeinflussen. Wissenschaftler stellten eine drastische Gewichtszunahme bei Mäusen fest, denen BPA verabreicht wurde. Außerdem warnen Forscher vor dem Einsatz von Bisphenol A in Produkten für Schwangere und Säuglinge, da sie Schädigungen des Erbguts und des Gehirns befürchten. Seit 2011 ist BPA deshalb in Produkten für Kleinkinder in Deutschland verboten.

Ohne den Einsatz von BPA kann nach Aussagen der Industrie kein Polycarbonat (PC) hergestellt werden. Bisphenol A sorgt dafür, dass Produkte aus Polycarbonat leicht, bruchsicher und haltbar sind. PC wird für Gehäuse von Küchengeräten und Computern, für CDs und DVDs, Duschkabinen, Gewächshäuser und Scheckkarten verwendet.

Außerdem kommt Bisphenol A bei der Produktion von Epoxidharzen zum Einsatz. Diese finden sich in Beschichtungen von Konservendosen, als wasserabweisender Film auf Sonnenschirmen und Regenkleidung oder in Lacken zur Oberflächenversiegelung von Möbeln, Metallprodukten und Baumaterialien.

Alternative Verpackungsmaterialien

Es gibt zahlreiche Alternativen zur Plastikverpackung. Doch auch hier gilt es, genau abzuwägen. Denn dass an Plastik gespart wird, bedeutet nicht, dass keine Schadstoffe zum Einsatz kommen. Deshalb sind einige alternative Verpackungsmaterialien häufig nur auf den ersten Blick gesund und umweltfreundlich.

Papier

Für die Papierherstellung werden große Mengen Schwefelsäure und andere Chemikalien benötigt. Papier gibt zwar nicht direkt Schadstoffe an die Lebensmittel ab, das Holz für die Papierproduktion wächst aber nur langsam und legt einen langen Weg zurück, bis es bei uns verarbeitet und verkauft wird. Umstritten sind außerdem die Klebstoffe in Papier. Sie stehen unter Verdacht, ihre Inhaltsstoffe an Lebensmittel abzugeben.

Papier wächst nicht auf Bäumen. Aber die Bäume, aus denen der Zellstoff für Papier gewonnen wird, wachsen in tropischen Regenwäldern. Deutschland deckt 40 Prozent seines Bedarfs damit. Die Regenwälder werden abgeholzt, um Eukalyptus zu pflanzen, denn diese Holzart liefert besonders viel Zellstoff. Die Zellstoffindustrie in Indonesien deckt 70 bis 85 Prozent ihres Holzbedarfs aus Naturwäldern.

Als drittgrößter Papierkonsument verbraucht Deutschland 250 Kilogramm Papier pro Jahr und Kopf – mehr als Afrika und Südamerika zusammen.
Das meiste Holz wird für sogenannte grafische Papiere wie Kopierpapier und Schulhefte verbraucht. Verpackungsmaterial belegt Rang 2 der Papierschlucker.

Glas

Glas besteht aus Sand, Kalk und Soda. Diese Rohstoffe gibt es im Überfluss. Glas wird bei 1 500 Grad Celsius geschmolzen, was sämtliche Bakterien und Schadstoffe abtötet. Also gibt eine Glasflasche auch keine seiner Bestandteile an ihren Inhalt ab.

Eine Mehrwegflasche aus Glas wird bis zu 50 Mal neu befüllt, bevor sie eingeschmolzen wird. Dann werden 100 Prozent des Rohstoffes wiederverwertet. Aus Altglas wird neues Glas, immer und immer wieder. Bei Glas gibt es keine chemische Wechselwirkung zwischen Behälter und Inhaltsstoffen.

Bei der Ökobilanz streiten sich die Experten noch darüber, ob Glas oder Plastik besser abschneidet.

Biokunststoffe

Biokunststoffe werden aus nachwachsenden Rohstoffen wie Bambus, Mais, Zucker oder Milchsäure (PLA = Polyactide; zählen zu den Polyestern) hergestellt. Sie sind zum Beispiel mit den Labels »biobasiert«, »biologisch abbaubar« oder »biokompatibel« gekennzeichnet.

biobasiert: Dieser Begriff beschreibt, dass das Ausgangsmaterial natürlichen Ursprungs ist. »Biobasiert« ist nicht gleichbedeutend mit »biologisch abbaubar«. Biobasiert garantiert zudem nicht, dass der Kunststoff schadstofffrei ist. Eine Tüte aus Biokunststoff kann bis zu 50 Prozent Erdöl enthalten.

biologisch abbaubar: Das sind Produkte, die tatsächlich kompostierbar sind. Allerdings hängt die Dauer des Zersetzungsprozesses von den Rahmenbedingungen ab. Eine Tüte aus Biokunststoff wird sich in der Natur kaum zersetzen, in industriellen Kompostieranlagen hingegen schon. Auf dem heimischen Komposthaufen sollen Produkte aus Biokunststoff ca. 12 bis 24 Monate benötigen, um zu verrotten. Biologisch abbaubare Kunststoffe sind jedoch nicht zwangsläufig aus nachwachsenden pflanzlichen oder tierischen Rohstoffen hergestellt. Es gibt auch Kunststoffe aus fossilen, nicht nachwachsenden Ressourcen, die biologisch abbaubar sind. Ebenso gibt es keine gesetzlichen Vorschriften dazu, wie schnell der Kunststoff abgebaut sein muss.

biokompatibel: Das bedeutet, dass der Stoff keine negativen Auswirkungen auf Lebewesen und Umwelt hat. PLA wird als biokompatibel beschrieben. Produkte daraus (Funktionskleidung, Verpackungen, Folien) setzen sich derzeit noch nicht am Markt durch, da PET deutlich günstiger herzustellen ist als PLA.

Fazit

Leider ist Bioplastik nicht automatisch nachhaltig. Bioplastiktüten werden zwar aus nachwachsenden Rohstoffen produziert, landen aber nicht in der Kompostanlage, da sie vorher aussortiert werden, weil die meisten nicht innerhalb von sechs bis acht Wochen kompostieren. Dauerhaft genutzte Behälter hingegen sind sicherlich eine Alternative zu herkömmlichen Plastikdosen, -bechern und anderen Gegenständen in der Küche. Aufgrund seiner Schadstofffreiheit und der guten Recyclingquote ist Glas immer eine gute Wahl. Einwegbehälter aus Glas, wie etwa Marmeladengläser, eignen sich übrigens auch zur Aufbewahrung von Übriggebliebenem, Kräutern, Dressings oder Saucen.

Immer gilt: Wiederverwenden ist besser als recyceln – und ein erster Schritt in ein besseres Leben.

Verstecktes Plastik

Einer PET-Flasche sieht man an, dass sie aus Plastik ist. Sie muss gekennzeichnet sein. Bei vielen anderen Produkten lassen wir uns leicht täuschen.

Kaugummi

Kauen Sie gerne auf Plastik? Die meisten Kaugummisorten bestehen heute nur noch aus Plastik. Einer der ersten Chicle-basierten Kaugummis ohne Kunststoff ist Chicza – Organic Rainforest Gum!

Kassenzettel enthalten Weichmacher

Kassenbons sind häufig mit einer BPA-Schicht überzogen. Verzichten Sie, wenn möglich, darauf. Schon gar nicht sollten sie in Kinderhände gelangen. Die Zettel gehören nicht in den Papier-, sondern in den Restmüll. Nach jedem Einkauf Hände waschen.

Kinderbücher

Viele Kinder- und Babybücher werden mit Plastik verstärkt. Bilderbücher, die weich und knautschbar sind, bestehen fast ausschließlich aus Kunststoff. Oft wird mit optischen Aufhellern und anderen bedenklichen Stoffen gearbeitet. Auch Kinderbücher mit festen Seiten aus Karton erhalten als Feuchtigkeitsschutz eine Plastikhaut. Einige Verlage drucken mittlerweile Bücher aus Recyclingmaterial und verwenden Ökofarben.

Pfannenbeschichtungen

Einige Antihaftbeschichtungen von Töpfen und Pfannen enthalten Plastik. Besonders bei sehr günstigen Produkten löst sich die Beschichtung nach mehrmaliger Benutzung und gelangt so ins Essen. Eine gute Alternative sind Keramikbeschichtungen.

Konservendosen

Viele Konservendosen sind innen mit einer weißen Kunststoffschicht überzogen. So soll der Kontakt der Lebensmittel mit dem Blech vermieden werden. Die Beschichtung enthält jedoch Weichmacher, die auf den Inhalt übergehen.

Trügerische Papiertüten

Viele Verpackungen aus Papier erwecken den Anschein, plastikfrei zu sein. Doch manchmal trügt der Schein. Denn vor allem bei Waren, die vor Feuchtigkeit geschützt werden sollen, wird die Papiertüte innen mit einer dünnen Plastikschicht überzogen. Häufige Plastikfallen: Zucker, Kakao, Gries, Speisestärke, Soda, Zitronensäure, Backpulver, verpackte Seifenstücke.
Diese Verpackungen sollen über die Papiertonne entsorgt werden.

Bitte nicht!

Sie haben nun viel darüber erfahren, wie schädlich Plastik für uns und die Umwelt ist. Sie kennen Alternativen und möchten vielleicht die ersten Schritte in Richtung eines gesünderen, nachhaltigeren und besseren Lebens ohne Plastik gehen. Tolle Idee! Doch Vorsicht: Übertriebener Aktionismus ist nicht sinnvoll.
Lesen Sie, was Sie jetzt auf keinen Fall tun sollten.

Misten Sie nicht wahllos aus!

Prüfen Sie ruhig, wie viel Plastik sich beispielsweise in Ihrer Küche findet. Entscheiden Sie, welche Plastikprodukte und -küchenhelfer nicht mehr mit Lebensmitteln in Kontakt kommen sollen. Vielleicht finden Sie für einige Dinge eine andere Verwendung. Kleine Plastikdosen mit Deckel eignen sich zum Beispiel, um darin Seife für unterwegs aufzubewahren (Reisen, Sportstudio). Größere können selbst gemachtes Waschmittel enthalten.

Verkaufen Sie gut erhaltene Artikel und investieren Sie den Erlös in die Anschaffung von Alternativen. Auch Umsonstkaufhäuser freuen sich über gespendete Produkte.

Werfen Sie nichts weg!

Nur eines ist schlimmer, als Plastik zu kaufen: Plastik wegzuwerfen! Nutzen Sie Behälter um, die eigentlich für das Recycling gedacht sind. In leere Sprühflaschen wird der selbst gemachte Reiniger gefüllt. Aus Behältern von Flüssigwaschmittel und Weichspüler lassen sich ganz leicht Stifteboxen und Utensilos basteln.

Kaufen Sie nicht unüberlegt ein!

Überlegen Sie in Zukunft genau, ob Sie das, was Sie gerade in der Hand halten, wirklich brauchen. Denn niemand benötigt 38 Aufbewahrungsbehälter – egal, aus welchem Material. Zum Frischhalten von Salat eignet sich ein leeres Gurkenglas. Den Rest Nudeln vom Abendessen kann man auch in einem Einmachglas lagern.

Mülltrennung: Nehmen Sie's genau!

Plastik hat im Restmüll nichts zu suchen! Ein zu hoher Kunststoffanteil führt in vielen Müllverbrennungsanlagen zu einer mangelhaften Verwertung des Restmülls. Auch schlecht: zu viele Bioabfälle im Restmüll. Die sind feucht und brennen daher nicht gut. Deshalb ist es wichtig, den Müll gut zu trennen. Organischer Müll wie Lebensmittel, Gartenabfälle, Taschentücher und Haare gehört in die Biotonne. Restmüll, zum Beispiel Einwegwindeln, Staubsaugerbeutel, Tapeten oder Styropor, muss thermisch verwertet werden (Müllverbrennung).

Noch besser für die Umwelt ist jedoch die Müllvermeidung!

ANFANGEN: SCHRITT FÜR SCHRITT

Bewusster konsumieren – besser leben

Unser Konsumverhalten ist stark von Gewohnheiten geprägt. Oft bleibt uns im Alltag wenig Zeit, um uns über die Konsequenzen unserer Einkaufsentscheidungen Gedanken zu machen. Schnell greifen wir deshalb unüberlegt ins Regal und produzieren so unnötigen Plastik- und Verpackungsmüll.
In diesem Kapitel wollen wir Ihnen zeigen, wie einfach der Einstieg in ein plastikfreies Leben sein kann, ehe wir Sie Schritt für Schritt durch verschiedene Alltags- und Lebenssituationen führen. Mit einem Mix aus Selbermachen, Wiederverwerten und Entrümpeln ist schon viel gewonnen. Dabei bleibt Ihnen überlassen, welche Tipps Sie umsetzen!
Am Anfang steht jedoch der Einkauf – und genau da gilt es anzusetzen, denn als bewusste Konsumenten können wir etwas verändern.

Alternativen

Wenn Sie bewusst einkaufen, finden Sie viele kunststofffreie Produkte:

- Ketchup und Senf im Glas statt in Plastik,
- Zahn-, Spül- und Klobürsten aus Holz,
- Fleece aus Baumwolle oder Schurwolle statt aus Polyester,
- Bettdecken und -kissen aus Wolle oder Seide statt Mikrofaser,
- Möbel aus Holz statt Pressspan oder Melaminbeschichtung,
- Kosmetik und Nagellackenentferner in Glas statt Kunststoff.

Inhaltsstoffe

Achten Sie auf die Inhaltsangaben. Je weniger Inhaltsstoffe ein Produkt enthält, desto besser.

Geruch

Bei Spielsachen und Kleidung lohnt es sich, auf Qualität zu setzen. Untersuchungen zeigen, dass zahlreiche Billigspielzeuge enorme Schadstoffwerte aufweisen. Qualität wird durch unabhängige Institute geprüft, hält länger und verliert weder Form noch Farbe.
Als Faustregel gilt: Riecht ein Produkt stark nach Chemie, besser die Finger davon lassen.

Plastik sparen ohne Aufwand

Der Umstieg ist einfacher, als Sie denken! Die folgenden Tipps lassen sich ohne Mehraufwand umsetzen.

1 Einkaufskorb statt Plastiktüte

Ob im Supermarkt oder beim Kleidungskauf: Verzichten Sie auf Plastiktüten! Wenige oder kleine Teile lassen sich in der Handtasche verstauen. Ansonsten gibt es schöne Einkaufskörbe und Stofftaschen. Und schon nach wenigen Wochen denken Sie daran, immer leere Taschen dabeizuhaben.

2 Glas statt Plastik

Wasser und Säfte gibt es auch in Glasflaschen. Wer nicht so schwer tragen möchte, kann einen Lieferservice beauftragen. Günstiger ist Leitungswasser. Wer's spritzig mag: Es gibt inzwischen sogar Trinkwassersprudler mit Glasflaschen. Auch Milch, Joghurt, Ketchup und Senf sind fast überall im Glas erhältlich.

3 Lose statt abgepackt

Viele Lebensmittel gibt es ganz ohne Verpackung, vor allem Obst und Gemüse. Noch besser ist es, wenn Sie regionale Produkte kaufen: Da sie kurze Transportwege und kaum Lagerzeiten haben, werden sie in der Regel nicht in Plastik eingeschweißt.

4 Seife statt Duschgel

Seifen gibt es in allen Qualitäten und Duftnoten. Je kürzer die Liste der Inhaltsstoffe ist, umso verträglicher sind die Seifen für Haut und Umwelt.

5 Vorratsgläser statt Plastikdosen

Gläser sehen nicht nur schöner aus, sie sind perfekt zum Aufbewahren von Pausensnacks und Essensresten. Weck- und Schraubgläser eignen sich gut zum Einfrieren. Beim Befüllen einen Fingerbreit Luft lassen, damit das Glas nicht zerspringt.

6 Spenderbox statt Taschentücher

In einigen Drogeriemärkten gibt es Taschentücher in einer Box aus Recyclingpapier. Hier ist auch die Lippe, durch die die Tücher entnommen werden, aus Papier. Bei konventionellen Taschentüchern in der Box wird eine Kunststofflippe verwendet. Eine Packung enthält 100 Tücher und kostet weniger als einen Euro.

7 Kokosöl statt Feuchttücher

Ein Glas Kokosöl ersetzt Babyfeuchttücher, Make-up-Entferner und feuchtes Toilettenpapier. Mit Toilettenpapier oder Taschentuch über das feste Öl streichen und über die zu reinigende Stelle wischen. Kokosöl desinfiziert und pflegt die Haut.

8 Soda statt Toilettenreiniger

Sodapulver eignet sich bestens als Toilettenreiniger. Das Pulver einstreuen und nach 15 bis 20 Minuten mit der Klobürste schrubben. Je länger die Einwirkzeit, desto größer die Reinigungswirkung. Soda bindet zudem Säuren im Abwasser. Es ist in Papierverpackungen erhältlich, die allerdings innen mit Plastik beschichtet sind, um das Produkt vor Feuchtigkeit zu schützen. Entsorgt wird der Beutel trotzdem im Altpapier.

Lebensmittel plastikfrei einkaufen

Augen auf beim Einkauf! Plastikfreies Einkaufen im Discounter ist nahezu unmöglich. Den Biomarkt kann oder will sich aber nicht jeder leisten. Das muss auch nicht sein, denn auch im Supermarkt finden Sie zahlreiche Artikel, die nicht in Plastik verpackt sind. Je kleiner das Geschäft, desto mehr gehen die Inhaber oft auf Ihre Wünsche ein. Bald werden Sie sich gut in »Ihrem« Laden auskennen und der plastikfreie Einkauf gelingt im Handumdrehen.

Obst und Gemüse

Viele Obst- und Gemüsesorten können verpackungsfrei eingekauft werden. Einfach lose aufs Band legen. Schwieriger ist es bei Kirschen, Bohnen und Nüssen. Für den Transport von kleinen Früchten eignet sich die Naturtasche – ein extraleichter Beutel aus Biobaumwolle. Sie kann wiederverwendet werden und wird sozialverträglich produziert. **www.naturtasche.de**

Brot und Brötchen

Mit einem Stoffbeutel können Sie Brot und Brötchen ganz ohne Müll und Schadstoffe einkaufen. Er eignet sich auch bestens zum Einfrieren von Brot. Als Toastersatz wird Kastenweißbrot aufgeschnitten und in einem Beutel im Gefrierfach verstaut. Frisch getoastet, schmeckt das sogar noch besser als Industrieware.

Milchprodukte

Joghurt, Sahne oder Milch gibt es immer häufiger im Glas. In einigen Biosupermärkten gilt dies sogar für Quark und Schmand. Ein guter Ersatz für Schmand und Crème fraîche ist Joghurt mit 10 Prozent Fett (z. B. von Landliebe).

Getreide und Reis

Haferflocken, Couscous, Reis, Milchreis, Risotto, Nudeln, Gries und Mehl gibt es in fast jedem Markt in Papierverpackungen. Bei vielen Bioprodukten wird leider noch zu häufig auf die Plastikhülle zurückgegriffen.

Fleisch, Wurst, Käse

Sie werden erstaunt sein, wie offen man auf Ihre Bitte reagiert, Ihr Fleisch nicht in Plastik zu stecken. Würstchen kann man auch in einer Papiertüte transportieren. Fortgeschrittene bringen ihre eigenen Behälter mit zum Metzger und an die Käsetheke. Nicht abwimmeln lassen! Denn wenn die Dose auf der Theke stehen bleibt, sind die Hygienevorschriften eingehalten.

Gewürze

Gewürze werden von Bio-Wagner im Glas angeboten, auch in Nachfüllgrößen. Wurdies verpackt Kräuter, Gewürze und Tees in schönen Papiertüten.

Schokolade und Kakao

Bei Schokolade gibt es eine gute Auswahl an Anbietern, selbst in konventionellen Supermärkten. Fair gehandelte Bioschokolade gibt es zum Beispiel bei Rewe. Der größte Fairtrade-Anbieter GEPA wollte bei Schokolade auf Alufolie verzichten und verwendet nun stattdessen Plastik.

Kaffee

Viele Röstereien füllen den Kaffee frisch in mitgebrachte Behälter. Auch kleine Bäckerläden machen das gerne. Nachfragen lohnt sich!

WHAT IF
WRONG?

Plastik ersetzen im Haushalt

Greifen Sie bei Neuanschaffungen zu plastikfreien Produkten. Für eine ganze Reihe von Haushaltsartikeln gibt es Ersatz, der ohne Kunst- und Schadstoffe auskommt.

Trinkflaschen

Die Trinkflaschen der Kinder sollten zuerst ersetzt werden. Sie müssen allerdings nicht extra eine neue Glasflasche kaufen – eine ausgespülte Flasche vom Trinkkakao tut es auch. Wer Angst vor Glasscherben in der Schultasche hat, bekommt Flaschen auch mit bruchsicherer Ummantelung. Die besteht jedoch oft aus Kunststoff.

In Aluflaschen können Fruchtsäfte die Schadstoffe aus dem Metall lösen. Außerdem ist die Reinigung sehr aufwendig. Und da man nicht hineinschauen kann, weiß man nicht, ob sich Insekten oder auch Schmutzreste darin befinden.

Alternativen zur Plastikflasche

»Emil« ist klein und handlich und bei Kindern wegen der schönen Motive auf der Baumwollhülle sehr beliebt. Leider besteht die Bruchsicherung aus Styropor.

Die Retap-Glasflasche hat schon mehrere Schönheitswettbewerbe gewonnen. Zu Recht! Aufgrund des dünnen Glases ist sie aber nicht für Kinder geeignet.

Eine echte Preisträgerin ist die »Soulbottle«. Die Flasche in verschiedenen Designs wird komplett plastikfrei, fair und nachhaltig produziert. Sie besteht aus Glas und fasst 0,6 Liter. Der Deckel mit Schnappverschluss wird aus Edelstahl, Keramik und Naturkautschuk hergestellt.

Die Trinkflasche von Doras gibt es mit Neopren- und Baumwollhülle. Die Neoprenhülle trocknet nach dem Auswaschen gut, wird aber schnell löchrig. Die Baumwollhülle trocknet hingegen nur sehr langsam. Die Flasche ist stabil und dabei erstaunlich leicht. Leider ist sie nur in Österreich zu beziehen.

Eine robuste Trinkflasche von naturtasche.de mit schnell trocknender Baumwollhülle und Holz-Metall-Verschluss ist in Planung.

Putztücher

Baumwolltücher leisten gute Dienste in Bad und Küche. Sie können in die Kochwäsche (95 °C) und schonen Oberflächen. Erhältlich sind sie in Drogeriemärkten (leider in Plastikverpackung). In Bioqualität findet man Baumwolltücher im Internet. Alternative: Zerreißen Sie alte T-Shirts zu einzelnen Lappen. Damit lassen sich sogar Displays von PC, Tablet und Handy streifenfrei reinigen.

Frischhaltefolie

BeesWrap oder Abeego flats sind gute Alternativen. Dabei handelt es sich um einen mit Bienenwachs getränkten Stoff, der mehrfach verwendbar ist. Achtung Feinschmecker: Das Wachs kann einen leichten Wachsgeschmack bei fetthaltigen Lebensmitteln hinterlassen.

Toilettenpapier

Toilettenpapier in Großpackungen können Sie sich bequem einmal pro Jahr nach Hause liefern lassen. Erhältlich ist es als Rolle oder Einzelblatt (auch als Recyclingpapier) mit Papierbanderole. Die Jahresration Toilettenpapier wird platzsparend im Karton geliefert, z. B. von Kimberly Clark, Satino Black oder Tork.

Lebensmittelbehälter

Plastik überträgt Bitterstoffe an Lebensmittel, besonders bei warmen Speisen. Alternativen zu Einweg sind Kaffeebecher aus Edelstahl oder Keramik und Tiffin-Boxen zum Transport von allen Speisen. Brotzeitdosen gibt es aus Edelstahl und Bambus. Diese eignen sich auch zum Aufbewahren von Vorräten, Wurst und Käse.

Fruchtfliegenfalle

Klebefallen bestehen immer aus Plastik. Wer darauf verzichten möchte, kann sich mit wenig Aufwand selbst eine wirksame Fliegenfalle basteln.

- 1 Blatt Papier
- 1 leere Flasche
- Zucker
- reifes Obst mit hohem Zuckergehalt, z. B. Kirschen, Birnen

Das Obst in die Flasche füllen und mit ein wenig Zucker bestreuen. Mit dem Papier einen Trichter wickeln und in der Flasche verkeilen. Die Öffnung unten sollte ca. 2 mm groß sein. Sobald sich der Zucker gelöst hat, werden die Fruchtfliegen angelockt. Sie können durch die kleine Öffnung nicht mehr entkommen. Wer möchte, kann das Papier zusätzlich mit einem Ring aus Knete abdichten.

Mückenschutz

Halbieren Sie eine Zitrone und spicken Sie die Hälften mit jeweils zehn getrockneten Nelken. Legen Sie die Zitronen an mehreren Stellen aus. Stechmücken bleiben dadurch fern.

Ebenso gibt es eine ganze Reihe von Apps für Smartphones (z. B. AntiMosquito). Die Apps erzeugen einen hohen Ton, der die Stechmücken abhält (Menschen können den Ton nicht hören). Allerdings funktionieren die Apps nur im Radius von 1 bis 2 Metern.

Einfache Tipps zum Selbermachen

Wie viele Stunden im Jahr stehen Sie an der Kasse eines Drogerie- oder Supermarktes? In der gleichen Zeit können Sie zu Hause kochen, backen und genießen. Scheuen Sie den Aufwand nicht, er ist geringer, als Sie denken. Schon nach kurzer Zeit bekommen Sie Routine im Selbermachen.

Vanillezucker

Vanilleschote aufschneiden, auskratzen und in ein Glas mit Zucker geben. Mindestens zwei Tage ziehen lassen. Hält sich über viele Monate. Die Vanilleschote kann einige Male verwendet werden.

Semmelbrösel

Übrig gebliebenes Weißbrot mit der Küchenreibe oder im Mixer zerkleinern und in ein Glas füllen. Es ist lange haltbar und schmeckt besser als Industrieware.

Schneller Trinkkakao

Mischen Sie Backkakao zu gleichen Teilen mit Zucker, und bewahren Sie die Mischung in einem Schraubglas auf. Zum Verfeinern geriebene Schokolade, Ingwer, Kardamom, Vanille oder Nelken hinzugeben.

Kräuter trocknen

Kräuter wie Thymian, Rosmarin, Majoran, Estragon, Bohnenkraut, Dill & Petersilie eignen sich hervorragend zum Trocknen. Hierfür einfach die Kräuter im Sommer auf die Fensterbank legen. Je nach Sonneneinstrahlung dauert die Trocknung maximal eine Woche. Von den Stielen abzupfen. Wer mag, kann die Kräuter zerkleinern.

Kräuter und Kresse aus Samen ziehen

Kräuter lassen sich sogar im Winter auf der Fensterbank ziehen, zum Beispiel Rucola, Kresse und Thaibasilikum.

Selfcycling

Auch wenn es für alle Haushalts- und Lebensbereiche praktische Produkte aus Plastik gibt: Viele davon brauchen wir einfach nicht! Kostengünstiger Ersatz ist schnell gefunden. Dennoch müssen nicht alle Kunststofferzeugnisse umgehend entsorgt werden. Nutzen Sie sie einfach um. Werden Sie Selfcycler!

Müllbeutel abschaffen

Auf Mülltüten aus Plastik kann man definitiv verzichten. Verwenden Sie einfach leere Umverpackungen von Mehl und Zucker. Wer seinen Mülleimer in der Küche mit Zeitungspapier auskleidet, kann den Müll sogar so hineingeben. Und Sie werden sehen: Wenn Sie viele unserer Tipps beherzigen, werden Sie schnell deutlich weniger Restmüll haben.

Hundekotbeutel einsparen

Gefrierbeutel, die Sie nicht mehr für Lebensmittel verwenden möchten, aber noch im Haushalt haben, müssen Sie nicht wegwerfen. Verwenden Sie sie einfach als Hundekotbeutel, wenn Sie mit Ihrem Vierbeiner unterwegs sind. Es eignen sich auch Brötchen-, Gemüse- oder Chipstüten.

Gläser wiederverwenden

Leere Gläser von Marmelade, Tomatensoße und Eingekochtem müssen nicht entsorgt werden. Glas ist geruchsneutral und kann problemlos gereinigt werden. Verwenden Sie die Gläser einfach für Ihr Selbstgemachtes und zur Aufbewahrung von Resten. Aber auch Freunde und Bekannte freuen sich über Gläser, um Vorräte anzulegen. Wenn der Schraubverschluss doch einmal unansehnlich wird: Deckel gibt es zum Nachkaufen.

Reparieren statt wegwerfen

Das Loch in T-Shirt oder Hose kann man auch selbst stopfen. Neue Schuhsohlen kosten weniger, als Sie denken, und für viele Spielsachen gibt es günstige Ersatzteile. Schwieriger wird es bei Haushaltsgeräten. Aber oft ist eine Reparatur günstiger als die Neuanschaffung. Sehen Sie sich in Ihrer Umgebung nach einem Reparaturtreff oder einem Repair-Café um.

Reinigerflaschen aufheben

Werfen Sie leere Flaschen von Putzmitteln und -sprays nicht weg. Sie benötigen sie, um selbst gemachte Reiniger darin aufzubewahren. Das hat zwei Vorteile: Sie produzieren keinen zusätzlichen Plastikmüll und müssen sich nicht auf die Suche nach alternativen Behältern machen. Leere Flaschen von Weichspüler oder Flüssigwaschmittel eignen sich gut zum Abfüllen von selbst gemachtem Waschmittel.

Plastikdosen umfunktionieren

Sind Dosen aus Kunststoff unansehnlich geworden oder erfüllen sie ihre Funktion nicht mehr richtig, dann verwenden Sie sie für andere Zwecke. Soda lässt sich gut darin aufbewahren. Oder die Seife, die Sie ins Fitnessstudio oder auf Reisen mitnehmen. Sie können aber auch als Sortierbehälter für Nähzeug und Schrauben verwendet werden.

Leere Plastikflaschen

PET-Flaschen ohne Pfand können als Stiefelständer dienen. So bleiben die Stiefel aufrecht stehen. Zerschnitten eignen sich Shampoo- und Waschmittelflaschen als Stiftesammler oder zum Dosieren von Waschmittel.

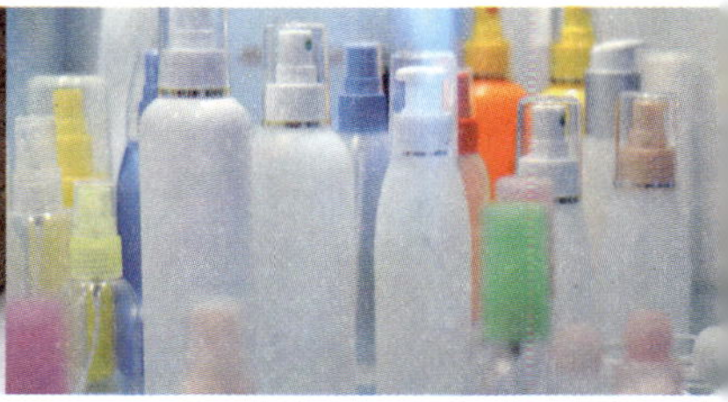

Omas Wissen neu entdeckt

Unsere Großeltern konnten häufig nicht aus dem Vollen schöpfen wie wir heute. Es gab noch keine Supermärkte und entsprechend kein derart umfangreiches Sortiment. Gekocht wurde, was im Garten wuchs, Wunden wurden mit altbewährten Hausmitteln behandelt.
Oma kannte Tricks zur natürlichen Fleckenentfernung, wirksame Putz- und Pflanzenschutzmittel wurden selbst hergestellt. Diese Tipps zeigen, dass man mit wenig Aufwand viele Industrieprodukte selbst herstellen kann.

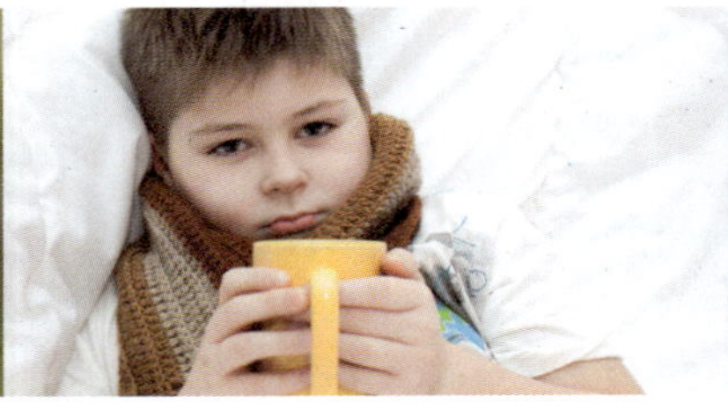

Naturapotheke

Mückenstiche mit Spitzwegerich behandeln. Spitzwegerich wächst auf jeder Wiese. Seine Inhaltsstoffe lindern Schwellungen und Juckreiz nach Mückenstichen. Die langen, dunkelgrünen Blätter in der Hand zerreiben und den Stich damit betupfen.

Insektenstiche sofort mit einer halben Zwiebel abreiben. Das lindert die Schwellung.

Bei Lippenherpes: Kochendes Wasser auf ein Tuch geben und so heiß wie möglich an die betroffene Stelle drücken. Hilft sehr gut im frühen Stadium. Bei Herpes hilft auch Ingwer. Eine Scheibe abschneiden und auf die Lippe legen, bis sie sich heiß anfühlt und leicht brennt.

Kartoffelwickel bei Husten: Kochen Sie zwei ungeschälte Kartoffeln weich. Die Knollen zerdrückt in einen Waschlappen geben und mit einem Hand- oder Küchentuch umwickeln. Auf die Brust legen und vollständig erkalten lassen. Vorsicht, heiß! Die Kartoffel gibt ihre Wärme langsam ab und wirkt deshalb wohltuend.

Zwiebelhustensaft

1 kleine Zwiebel

2 EL Kandiszucker oder Honig

Zwiebel klein würfeln und mit Kandiszucker oder Honig beträufeln. Für 2 bis 3 Stunden in einem Schraubglas ziehen lassen. Der Saft riecht sehr streng, schmeckt aber – vor allem mit Kandiszucker – weitaus besser, als er riecht. Er bekämpft Erkältungen genauso gut wie herkömmlicher Hustensaft aus der Apotheke. Alle 1 bis 2 Tage neu ansetzen.

Fleckenentfernung

Alle Arten von Flecken lassen sich sehr gut mit Gall- oder Kernseife behandeln – egal, ob Blut, Tomatensoße, Beerenflecken oder Verschmutzungen durch Erde, Sand oder Lehm. Frische Flecken am besten sofort mit Seife auswaschen und ab in die Waschmaschine.

Salz nimmt Flüssigkeit auf und entfernt Rotwein- oder Blutflecken aus nahezu allen Textilien. Den nassen Fleck abtupfen, mit Salz bestreuen und einwirken lassen.

Der wohl natürlichste Fleckentferner ist die Sonne. Gewaschene Kleidung mit Karotten- oder Tomatenflecken in die Sonne legen. Die Flecken verschwinden nach einigen Stunden meist restlos. Wirkt vor allem bei weißer Wäsche.

Hausputz

Schon seit Jahrtausenden wird Schmierseife als Haushaltsreiniger verwendet. Sie ist vielseitig einsetzbar und dazu noch umweltfreundlich. Schmierseife besteht aus Fett und Pottasche und ist vollständig biologisch abbaubar. Ein Esslöffel Schmierseife auf drei Liter Wasser ergibt einen Allzweckreiniger für alle glatten, unempfindlichen Oberflächen wie Stein- und Fliesenböden, Parkett, Kacheln in Bad und Dusche. Auch Töpfe aus Emaille und Edelstahl werden streifenfrei sauber. Verwenden Sie keine Flüssigschmierseife, sie ist verdünnt und nicht so ergiebig. Schmierseife im (Plastik)Eimer reicht ein ganzes Jahr.

Regelmäßig einen Liter kochendes Wasser in den Abfluss gießen beugt Ablagerungen vor. Kommt es doch zur Verstopfung: einige Esslöffel Natron in den Abfluss geben und mit Essig aufgießen. Sofort mit einem Tuch abdichten. Durch die Verbindung von Natron mit Essig entsteht ein Gas, das den Abfluss wieder frei macht. Nach 5 bis 10 Minuten mit kochendem Wasser nachspülen.

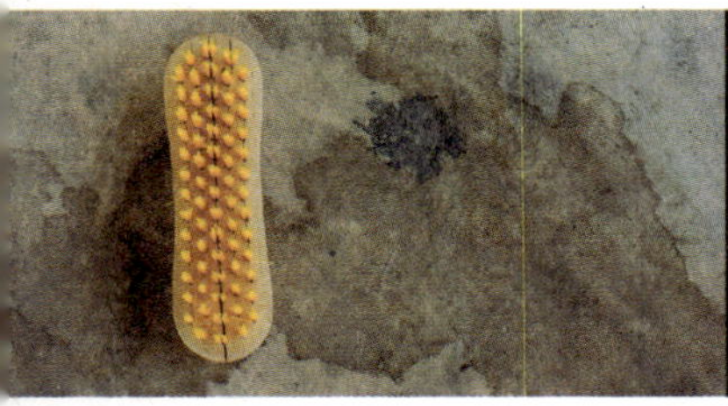

Blumen und Garten

Blattläuse lassen sich zunächst gut mit der Hand entfernen. Dazu Wasser über befallene Pflanzen gießen und dabei die Blattläuse abstreifen. Der Vorgang muss ggf. wiederholt werden.

Ein weiteres wirksames Mittel gegen Lausbefall von Pflanzen ist Brennnesselsud. Einen 10-Liter-Eimer zur Hälfte mit Brennnesseln füllen (sie wachsen in freier Natur, sind aber auch getrocknet in der Apotheke erhältlich), mit Wasser aufgießen und 24 Stunden ziehen lassen. Danach den Sud abseihen und mit einem Blumensprüher auftragen.

Eierwasser für Zimmerpflanzen: Wasser, in dem Eier gekocht wurden, ist kalkhaltig und eignet sich als Dünger für Zimmerpflanzen.

Unkraut, das sich nur schwer mitsamt der Wurzel entfernen lässt – zum Beispiel zwischen Pflastersteinen –, kann mit kochendem Wasser übergossen werden. Nach zwei bis drei Tagen wird die abgestorbene Pflanze samt Wurzel aus dem Boden gezogen.

KINDER UND PLASTIK

Aufwachsen ohne Schadstoffe

Unsere Kinder werden unter den Folgen unseres Plastikkonsums leiden. Deswegen ist es sinnvoll, sie von Anfang an mit dem Thema vertraut zu machen. Sie werden staunen, wie begeistert die Kleinen sind und wie kreativ sie beim (Er)Finden von Alternativen werden.

Babyfläschchen

Naturglasflaschen mit Kautschuksauger gibt es von Chicco. Sie halten im Gegensatz zu Kunststoffflaschen so lange, bis die Kleinen aus dem Glas trinken können. Eine gute Alternative sind auch Flaschen aus Edelstahl. Nachteil: Man sieht den Inhalt nicht.

Babyfeuchttücher für unterwegs

250 ml Wasser

1–2 EL Kokosöl

1 Küchenrolle

1 verschließbare Plastikdose

Das Wasser zum Kochen bringen. Kokosöl darin auflösen und gut verquirlen. Die Küchenrolle mit einem Messer in der Mitte auseinanderschneiden und eine Hälfte in die Plastikdose stecken. Rolle dann mit dem Kokosöl-Wasser-Gemisch übergießen. Dose verschließen und gut schütteln. Zum Schluss die Papprolle des Küchenkrepps entfernen. Die Tücher können nun von innen entnommen werden. Das Kokosöl schützt vor einem wunden Popo.

Schnelle Variante für zu Hause: Kokosöl direkt auf Toilettenpapier geben.

Wickeln

Das Wickeln mit Stoffwindeln war früher mit viel Arbeit verbunden, und es sah nicht so aus, als wären Krabbeln und Laufen mit den dick eingepackten Popos bequem. Heute sind Mehrwegwindeln ein Hightechprodukt. Sie wechseln nur noch die Einlage. Praxisberichte unter: **www.windelwissen.de**.

Bei Wegwerfwindeln gibt es inzwischen zumindest eine umweltfreundliche(re) Variante: die Ökowindel (z. B. Naty, Moltex Öko). Die Hülle besteht zum Beispiel aus Maisstärke, der Saugkern aus Zellstoff und Baumwolle. Trotzdem enthalten diese Windeln einen kleinen Rest Polyesterkügelchen, die die Saugkraft verstärken. Deshalb können sie nicht kompostiert werden. Auch sie landen also in der Müllverbrennung.

Spielen

Bunte Bausteine und die Kunstwerke, die daraus entstehen, sind natürlich wunderbar. Man muss auch kein schlechtes Gewissen haben, wenn man sie kauft. Schließlich halten die Steinchen ein Leben lang.

Dennoch sollen Sie Alternativen kennenlernen. Duplosteine gibt es nämlich auch aus Bambus und in tollen Farben – die kleineren sogar aus Holz. Und sie sind kompatibel, können also mit dem Bestand im Kinderzimmer gemischt werden.

Bei allen anderen Spielsachen gilt: Holz ist langlebig, natürlich und unbedenklich und somit China-Plastikware in jedem Fall vorzuziehen. Kinder erweisen sich als wahre Baumeister und zaubern die kühnsten Konstruktionen, wenn sie 400 Parkettstäbchen aus Eiche oder Buche vor sich liegen haben. Fragen Sie einen Schreiner nach Resten, oder sehen Sie sich in Onlineverkaufsportalen um.

Selbermachen mit Kindern

Kinder erforschen die Welt mit Augen, Fingern und der Zunge. Vor allem die Kleinsten nehmen alles in den Mund. Deshalb ist es wichtig, schadstofffreie Spiel- und Bastelsachen im Haus zu haben. Wer diese Dinge selbst herstellt, weiß, was drin ist. Und Kinder haben großen Spaß mitzuhelfen.

Spielknete

2 Tassen Mehl
2 Tassen Salz
2 Tassen kochendes Wasser
2 TL Weinstein- oder Zitronensäure
2 EL Speiseöl
flüssige Lebensmittelfarbe

1. Alle Zutaten nach und nach in eine große Schüssel geben. Erst mit dem Handrührgerät, anschließend mit den Händen zu einem geschmeidigen Teig verkneten.
2. Nach dem Abkühlen auf verschiedene Schüsselchen verteilen und nach Belieben mit Lebensmittelfarbe einfärben.

Haltbarkeit: Wenn die Knete luftdicht verpackt ist, hält sie mehrere Monate. Die Knete sollte kühl, am besten im Kühlschrank, gelagert werden.

Bastelkleber

50 ml warme, fettarme Milch

1 EL Essigessenz

½ TL Natron

2 Gläser (1 davon mit mind. 300 ml Füllmenge)

ein kleines Stück Stoff

1. Milch leicht erwärmen und mit Essigessenz mischen. Für ungefähr eine Minute leicht rühren, bis die Flockenbildung abgeschlossen ist.
2. Die Mischung durch den Stoff in das zweite, größere Glas filtern und Natron zugeben. Achtung: quillt sehr stark auf.
3. Die ausgefilterte Stärke aus dem Tuch wieder untermischen und gut durchschütteln. In einen leeren Deoroller füllen.

Benötigt mehr Zeit zum Trocknen, klebt aber teuflisch gut. Alternative: Verpackungschips aus Maisstärke anfeuchten und damit über das Papier streichen.

Blubberbrause

5 EL Zucker

3 EL Zitronensäure (Lebensmittelqualität)

2 EL Natron

1 EL Orangenzucker

1. Alle Zutaten in einer Schüssel gut mischen. Nun Orangen- oder Zitronenzucker hinzugeben und erneut umrühren. (Reiben Sie für den Orangenzucker die Schale von zwei unbehandelten Orangen/Zitronen in ein Schraubglas. Geben Sie 250 g Zucker hinzu, und verschließen Sie das Glas. Gut schütteln.)
2. Die Brause kann mit den Fingern geschleckt oder getrunken werden. Dazu einfach einen Esslöffel Brause in einem Glas Wasser auflösen.

Waffeleisen

Mit Kindern lohnt sich die Anschaffung eines Waffeleisens. Diese sind inzwischen auch mit kunststofffreien Keramikbeschichtungen erhältlich.

Waffeln sind in weniger als zehn Minuten fertig, schmecken lecker, und Sie können den Zuckergehalt steuern. Kinder ab acht Jahren haben jede Menge Spaß am Selberbacken.

Leckere Rezepte zum Beispiel auf **www.brigitte.de**.

Geschenkideen

Schöne Erlebnisse bleiben Kindern oft länger in Erinnerung als Berge von Geschenken. Wie wäre es deswegen mit einem Ausflug in den Freizeitpark, einem Kinobesuch oder einer Monatskarte fürs Schwimmbad? Wenn es dennoch ein Geschenk zum Auspacken sein soll, achten Sie auf Qualität.

Für Kinder von 0 bis 3 Jahren

— Lauflernwagen aus Holz
— Babyspiel- und Lerngerät (Hess)
— Luftmatz-Baumwollhülle für Luftballons
— Memory
— Biobausteine, kompatibel mit Duplo

Für Kinder von 3 bis 6 Jahren

— Playmais
— Murmeln
— Holzstempelset
— Holzflöte
— Holzeisenbahn

Für Kinder von 6 bis 10 Jahren

— Springseil mit Holzgriffen
— Haba-Domino-Bausteine
— Murmelbahn aus Holz
— Bau- und Konstruktionshölzer (Kapla, Eichhorn)
— Holzstelzen
— LEGO- und Duplo-Steine aus Holz (Ciddi Toys)
— Sitzsack mit Dinkelspelzfüllung

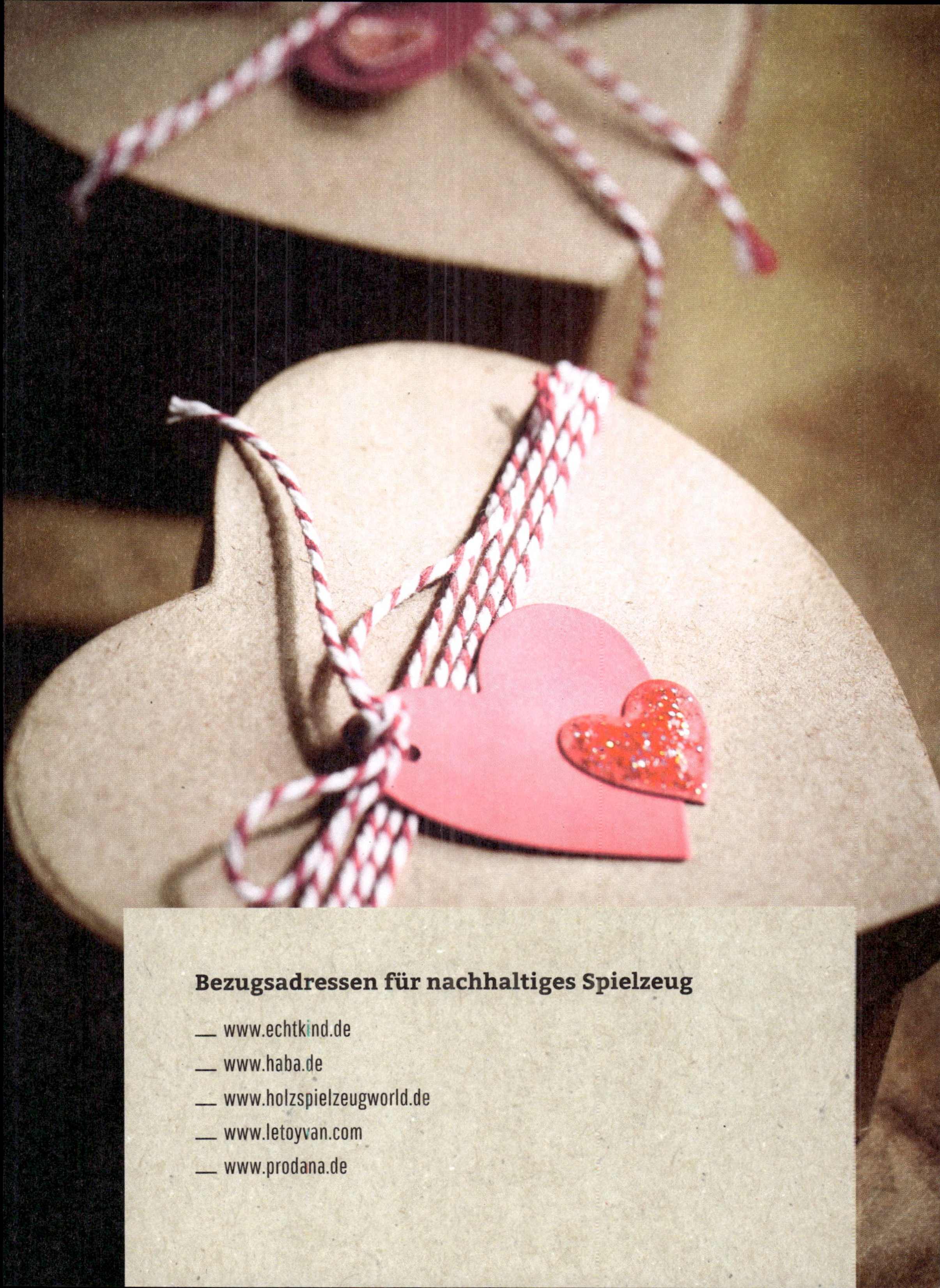

Bezugsadressen für nachhaltiges Spielzeug

- www.echtkind.de
- www.haba.de
- www.holzspielzeugworld.de
- www.letoyvan.com
- www.prodana.de

BAD UND HAUSHALT

Waschen

In erster Linie wird die Wäsche durch Reibung der Textilien aneinander sauber. Waschmittel bindet vor allem den gelösten Schmutz. Deshalb können Sie auf chemische Waschmittel und Fleckentferner verzichten. Diese einfachen Tipps verhelfen Ihnen zu strahlend sauberer Wäsche.

Maschinenpflege

Zunächst gilt: Waschen Sie häufig bei niedrigen Temperaturen. Das schont Geldbeutel und Umwelt. Ein Maschinenentkalker ist nicht notwendig. Der Tipp vom Profi: Ein Kochwaschgang alle zwei Monate entfernt Ablagerungen und erhöht die Lebensdauer der Waschmaschine.

Wasserenthärter

Enthärtungspulver spart Waschmittel und schützt die Maschine vor Kalkablagerungen. Würde jeder Deutsche Wasserenthärter verwenden, könnten jährlich 280 000 Tonnen Waschmittel eingespart werden. Verwenden Sie ökologischen Wasserenthärter. Er ist in Pulverform in Biomärkten erhältlich.

Waschnüsse

Seitdem immer mehr Europäer Waschnüsse für sich entdeckt haben, können sich Menschen in den Herkunftsländern keine Waschnüsse mehr leisten. Die Preise dafür sind so stark gestiegen, dass, zum Beispiel in Indien, fast ausschließlich chemische Waschmittel verwendet werden. Abwässer werden oft direkt in Flüsse geleitet. Aus diesem Grund sollten Waschnüsse vermieden werden.

Weichspüler wird überflüssig

Weichspüler verleiht der Wäsche zwar einen (künstlichen) Duft, schadet aber Waschmaschine und Umwelt. Man kann ihn getrost weglassen. Keine Angst, Ihre Wäsche wird dadurch nicht bretthart. Weicheres Wasser und Fleckentferner in einem bekommt man durch Zugabe von einem Esslöffel Salz ins Weichspülerfach. Verwenden Sie einfach das günstigste Tafelsalz.

Waschmittel aus Kernseife

Für drei Liter Waschmittel benötigt man nur zehn Minuten Zeit.
Nach 24 Stunden Wartezeit kann das Waschmittel verwendet werden.
Es reicht für etwa 15 Waschgänge.

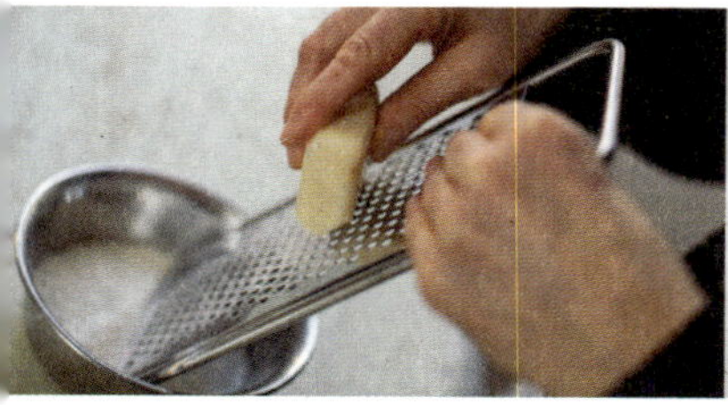

45 g Kernseife (ohne EDTA)

6 EL Waschsoda

3 x 1 Liter heißes Wasser

20 bis 50 Tropfen Duftöl (optional)

1. Seife mit der Küchenreibe fein raspeln, mit kochendem Wasser übergießen. Mit einem Schneebesen rühren, bis die Seife aufgelöst ist.
2. Nach ca. einer Stunde einen weiteren Liter kochendes Wasser mit Soda und Duftöl zugeben. Die Kombination Lavendel & Orange duftet besonders intensiv. Nach einer weiteren Stunde erneut einen Liter Wasser hinzugeben, gut verrühren.
3. Nach 24 Stunden gut durchrühren und in eine leere Waschmittelflasche abfüllen. Vor Gebrauch schütteln.

Sie benötigen ca. 200 ml Waschmittel pro Waschgang. Je nach Duftöl liegen die Kosten bei ca. 1 Euro für 3 Liter Waschmittel. Das Waschmittel ist nicht für Wolle und Seide geeignet. Flecken können mit Gallseife vorbehandelt werden.

Noch einfacher: Ein viertel Stück Kernseife in ein leeres 500-ml-Glas geben, mit kochendem Wasser aufgießen. Nach einigen Stunden umfüllen und mit oben genannten Zutaten mischen. Die Kernseife löst sich dabei nicht vollständig auf und kann mehrmals als Ansatz verwendet werden.

Waschen mit Kastanien

Kastanien enthalten 10 bis 15 Prozent Saponine (lat. sapo = Seife), die sich durch Einweichen lösen. 6 bis 8 Kastanien vierteln oder mit dem Hammer zerkleinern, mit 300 ml kochendem Wasser übergießen und in ein Schraubglas füllen. Für 24 Stunden ziehen lassen, dann Kastanien abseihen und die Lauge mit 2 EL Soda ins Hauptwaschfach geben. Achtung: Nicht länger als zwei Tage stehen lassen, sonst riecht die Flüssigkeit unangenehm. Kastanien sind nicht für stark verschmutzte Wäsche geeignet.

Waschen mit Efeu

Funktioniert genauso einfach: 6 bis 10 Blätter in einem Stoffbeutel oder einer Socke in die Waschtrommel legen, Enthärtungspulver oder Salz und optional einen Esslöffel Waschsoda in das Pulverfach geben. Für ein Flüssigwaschmittel genauso vorgehen wie bei den Kastanien: Die Blätter unzerkleinert in ein Glas geben und mit Wasser übergießen. Über Nacht stehen lassen. Efeublätter enthalten zwar weniger Saponine, sind dafür aber das ganze Jahr verfügbar.

Backpulver für Weiß- & Gardinenwäsche

Der Grauschleier bei weißer Wäsche verschwindet, wenn man mit Backpulver wäscht. Das Backpulver einfach mit der Wäsche in die Maschine geben.

Gut zu wissen

- Eine 90-Grad-Wäsche frisst 7-mal so viel Energie wie eine 30-Grad-Wäsche.
- Die wenigsten Kläranlagen können Weichspüler aus dem Wasser entfernen.
- Waschen Sie bei niedrigen Temperaturen, und machen Sie die Trommel immer voll. Faustregel: Eine Hand sollte hochkant noch in die Trommel passen. Das verbessert die Waschwirkung.
- Dosieren Sie sparsam! Verwenden Sie immer weniger Waschmittel als angegeben. Die Waschwirkung bleibt gleich.

Putzen und Spülen

Effektive Reiniger lassen sich ganz leicht selbst herstellen und sind umweltfreundlicher und günstiger als chemische Reiniger. Sie benötigen nur wenige Zutaten, die Sie in der Regel immer zu Hause haben.

Eine Paste aus Wasser und Schlämmkreide eignet sich, um verschmutzte Fliesenfugen zu reinigen. Die Paste mit einer alten Zahnbürste auftragen. Später mit einem nassen Lappen abwischen und klar abspülen.

Kalkränder an Wasserhähnen weicht man in Essig oder Essigessenz ein. Dazu ein trockenes Baumwolltuch oder Küchenkrepp um den Hahn wickeln und mit Essig tränken. Über Nacht einwirken lassen, morgens abwischen.

Kernseife eignet sich als Ersatz für Spülmittel. Vor allem Gläser und fettfreies Geschirr werden blank, wenn man ein wenig Kernseife auf den Spüllappen reibt und ihn dann im Wasser auswringt. Ein Esslöffel Essig im Spülwasser lässt Gläser strahlen.

Allzweckspray

¼ Stück Kernseife

500 ml Wasser

1 Behälter zum Ansetzen (z. B. leere Milchflasche)

Wasser erhitzen, die Seife für 1 bis 2 Stunden hineinlegen. Sie löst sich nicht auf, das Wasser wird aber sehr seifig. Nach der Einwirkzeit das Seifenstück herausnehmen und die Lauge in eine Sprühflasche füllen. Vor jedem Gebrauch gut schütteln! Gut zum Fensterputzen, für alle glatten Oberflächen oder als Fleckenspray.

Orangenreiniger

Schale von einer Orange

Essig

zwei Wochen Zeit

Füllen Sie die Orangenschalen in ein Schraubglas, und gießen Sie mit Essig auf. Nach zwei Wochen können Sie den Sud abseihen und in eine Sprühflasche füllen. Es entfernt Fett- und Kalkflecken und reinigt Fliesen an Wand und Boden. Auch Etiketten lassen sich damit lösen.

Geschirrreiniger

3 Zitronen

100 ml Apfelessig

200 g grobes Salz

300 ml kochendes Wasser

Zitronen achteln und mit Salz, Essig und Wasser in einen Mixer geben. Die Masse zwei bis drei Minuten gut durchmixen und durch ein Sieb filtern. Zwei Esslöffel davon ersetzen einen Tab. Dieser Reiniger eignet sich für den Gebrauch in der Spülmaschine, aber auch zum Spülen mit der Hand.

Badreiniger

400 ml Wasser

3 EL Essigessenz

1 EL Spülmittel

2 EL Zitronensäure

Eine Nebenwirkung der Verwendung von Seife statt Duschgel sind Schlieren auf Fliesen und Duschkabine. Sie lassen sich mit diesem Mittel leicht entfernen. Füllen Sie alles in eine Sprühflasche, und benetzen Sie die Flächen großzügig damit. Nach einer Weile mit Wasser abspülen und mit einem Tuch nachreiben.

Alleskönner Natron

Natron ist ein vielseitiges Haushaltsmittel. Es kann zum Putzen und Backen verwendet werden, zum Beispiel als Fugenreiniger und Backtriebmittel. Mit Wasser verdünnt entfernt es Kalkränder von Blumentöpfen. Zudem hemmt Natron die Schweißbildung und kann als Peelingsalz und für Badepralinen verwendet werden.

Backtriebmittel Natron

Beim Backen gilt: Pro 100 Gramm Mehl werden dem Teig ein Gramm Natron und ein Esslöffel Essig zugegeben. Der Essig wird erst am Schluss des Rührvorgangs hinzugefügt. Essiggeruch und Geschmack verfliegen beim Backen.

Badepralinen mit Natron

100 g Natron

50 g Zitronensäure

25 g Speisestärke aus Mais oder Reis

25 g Kaffeeweißer

5 EL Jojoba- oder Olivenöl

Die Zutaten miteinander vermischen und in Formen pressen (z. B., Mini-Muffin-Blech oder Ausstechförmchen). Eine Woche trocknen lassen und aus der Form lösen.

Scheibenreiniger

Etwas Natron oder Salz auf ein feuchtes Tuch geben. Mücken auf Scheiben oder Scheinwerfern lassen sich so mühelos entfernen.
Weitere Tipps: www.wundermittel-natron.info

Allzweckmittel Kaffeesatz

Kaffeesatz fällt in nahezu jedem Haushalt an. Er lässt sich sehr gut kompostieren, ist aber eigentlich viel zu schade zum Wegwerfen. Machen Sie deshalb mehr aus Ihren Kaffeeresten. Wichtig für alle Tipps: Trocknen Sie den Kaffeesatz vor der Weiterverwendung, damit er nicht schimmelt.

Dünger

Kaffeesatz eignet sich hervorragend als Blumendünger in Haus und Garten. Kaffeemehl enthält mit Kalium, Stickstoff und Phosphor alles, was Pflanzen benötigen. Es kann direkt mit Blumenerde gemischt oder auch nachträglich untergehackt werden. Eine Überdüngung ist nicht möglich, auch wenn Sie viel mit Kaffee düngen.

Kühlschrankduft

Unangenehmen Gerüchen im Kühlschrank rückt man mit Kaffeesatz zu Leibe. Dazu trockenen Kaffeesatz in ein Glas füllen und in die Kühlschranktür stellen. Die Gerüche werden schnell neutralisiert.

Ameisen-, Wespen- und Katzenschreck

Spuren aus Kaffeesatz schützen Beete vor Insekten. Der Kaffee neutralisiert die Duftspuren und hält so weiteres Kleingetier ab. Ein Gemüsebeet ist kein Katzenklo. Um Katzen fernzuhalten, großzügig Kaffeesatz verteilen. Vierbeiner mögen den Duft nicht.

Scheuermittel

Kaffeemehl auf einen angefeuchteten Schwamm geben und reiben. Vor allem Grillroste und Kochfelder lassen sich so gut reinigen.

Spülung für glänzende Haare

Dieser Tipp soll für volumenreiches und volles Haar sorgen: einfach Kaffeesatz in die Haare einarbeiten, 10 Minuten wirken lassen und danach gründlich auswaschen.

Peeling

Koffein gilt als gutes Mittel gegen Cellulite. Unter der Dusche Körper einölen und mit Kaffeesatz massieren. So werden auch abgestorbene Hautschüppchen entfernt.

Im Bad: Auf den Inhalt kommt es an

Mikroplastik stellt für Mensch und Umwelt eine Gefahr dar. Die millimetergroßen Plastikpartikel werden von der Kosmetikindustrie als Schleifmittel, Filmbildner, Füllstoff oder Bindemittel eingesetzt, zum Beispiel zum Entfernen von Hautschüppchen in Peelings.
So gelangen sie in unser Abwasser und landen schließlich wieder im Wasserkreislauf, denn gefiltert werden können diese Kleinstteilchen nicht. Mikroplastik wurde im Trinkwasser und in der Luft nachgewiesen. Grund genug, es da, wo wir die Wahl haben, zu vermeiden.

Haarseife oder Shampoostein

Haarseife ist natürlich, riecht toll und ist vor allem für Menschen mit empfindlicher Kopfhaut von Vorteil. Doch nicht jeder kommt damit zurecht: einige klagen über steifes, seifiges Haar.

Eine Alternative zu Haarseife ist festes Shampoo. Es handelt sich dabei um einen Shampoostein, der ohne Seife und Flüssigkeit auskommt – als würde man einem herkömmlichen Shampoo das Wasser entziehen. Er schäumt wie Shampoo, riecht wie Shampoo und pflegt wie Shampoo – oder besser.

Als Ersatz für Haarspülung kann eine Mischung aus fünf Teilen Wasser und einem Teil Apfelessig dienen.

Deos ohne Aluminium & ohne Plastik

Die Deo-Creme von Organic Essence besteht aus Backpulver, Natron, Kokosöl und Wurzelextrakten. Die Verpackung ist aus Recyclingpapier und hat die Form einer Tube.

Creme-Deos gibt es auch im Glas. Lush verkauft festes Deo verpackungsfrei. Online-Bestellungen werden in einer biokompatiblen Folie geliefert.

Zähneputzen

Eine Alternative zur herkömmlichen Zahnpasta sind Zahnputztabs. Kleine »Tabletten«, die mild nach Menthol schmecken. Sie werden zerkaut, mit dem Pulver werden dann die Zähne geputzt.

Zahnreinigung

Ein gutes »Bleichmittel« ist Backpulver. Weißere Zähne erhält man aber auch, wenn man hin und wieder mit Kalziumkarbonat (Schlämmkreide) putzt. Dabei handelt es sich um ein feines Pulver, das in jeder Apotheke erhältlich ist. Lassen Sie sich zum Beispiel 50 Gramm in ein Tütchen füllen, und lagern Sie es zu Hause in einem kleinen Schraubglas. Einmal pro Woche angewendet, befreit Schlämmkreide die Zahnoberfläche von Ablagerungen.

Zahncreme selber machen

3 EL Natron (Hydrogenkarbonat)
1 TL Schlämmkreide
Stevia oder Xylitol
3 EL kalt gepresstes Biokokosöl
25 Tropfen Pfefferminzöl

Kokosöl leicht erwärmen. Mit Natron, Schlämmkreide und Stevia mischen und gut verrühren. Ätherische Öle zugeben und in ein Glas abfüllen. Wenn Sie die Zahncreme mit anderen teilen, in mehrere Gläser portionieren.

Pflege für zarte Hände

Eine gute Alternative zu herkömmlicher Handcreme ist Kokosöl. Es zieht schnell ein und zaubert eine geschmeidig weiche Haut. Beanspruchte Hände benötigen hin und wieder etwas mehr Pflege. Einen Teelöffel feinen Zucker in die Hand geben, etwas Olivenöl auf den Zucker träufeln und mindestens eine Minute lang einmassieren. Anschließend mit warmem Wasser abspülen.

Peeling

1 Tasse Zucker

¼ Tasse Rohrzucker

1 TL Gewürze (z. B. Lebkuchen, Lavendel)

½ Tasse Pflanzenöl

Optional: 20 Tropfen ätherisches Öl

Alle Zutaten in einer Schüssel vermischen und in ein Schraubglas abfüllen.

Bodylotion

35 g Sheabutter

25 g Mandelöl

35 g Kokosöl

10–15 Tropfen ätherisches Öl

1. Fette in einer Metallschüssel im Ofen auf 100 Grad zum Schmelzen bringen. Mit den ätherischen Ölen mischen.
2. Wenn das Gemisch auf Zimmertemperatur abgekühlt ist, zum Festwerden in den Kühlschrank stellen.
3. Mit einem Handmixer oder Schneebesen so lange schlagen, bis die gewünschte Konsistenz erreicht ist.

Die Lotion schützt vor Hornhautbildung und zieht in wenigen Sekunden ein. Im Kühlschrank hält sie drei Monate, sonst binnen vier Wochen aufbrauchen. Tipp: kleine Behälter für die Lagerung im Kühlschrank verwenden.

Natürlicher Badezusatz

Was wir essen können, ist auch gut für unsere Haut. Nehmen Sie ein Glas Milch und einen Schuss Olivenöl statt Schaumbad. Das Fett der Milch pflegt die Haut, das Öl macht sie geschmeidig. Bei Kindern muss man sich keine Sorgen mehr machen, wenn sie mal Wasser schlucken.

Alleskönner Kokosöl

Ein Glas Kokosöl sollte sich in jedem Badezimmer finden, denn Kokosöl ist universell einsetzbar. Sie können sich damit die Zähne putzen, sich eincremen, es als Ersatz für Rasierschaum, Haarspülung, Deo oder Make-up-Entferner verwenden.

- Es pflegt die Haut und wirkt antibakteriell.
- Es hilft bei Sonnenbrand, Herpes, wundem Babypo und sprödem Haar.
- Stechmücken und Zecken mögen den Duft nicht.
- Achten Sie beim Kauf auf Bioqualität und auf den Verzicht von Emulgatoren und Konservierungsstoffen.

LEBEN UND EINRICHTEN

Wohnen und Renovieren

Möbel und Haushaltsgeräte kauft man nicht alle Tage. Gerade deshalb sollte man auf Qualität achten. Hochwertige Produkte halten nicht nur länger, sie sind oft auch weniger mit Schadstoffen belastet.

Massivholz statt Spanplatten

MDF-Möbel bestehen zwar auch aus Holz – genauer aus feinen Holzspänen, die zu Platten zusammengeklebt werden. Die Kleber enthalten neben anderen Schadstoffen einen hohen Anteil an Weichmachern. Möbel aus Massivholz sind die bessere Wahl. Allerdings sollten Sie exotische Hölzer (Mango, Sheesam) meiden und heimische Sorten wie Eiche und Buche bevorzugen.

Wolle statt Kunstleder

Das Sofa aus Kunstleder oder Mikrofaser ist pflegeleicht und günstig. Allerdings holen Sie sich damit Plastik mit all seinen schädlichen Inhaltsstoffen ins Haus. Kunstleder wird aus Polyurethan oder PVC hergestellt, Mikrofaser aus Polyesterfasern – Weichmacher inklusive. Sofabezüge aus Baumwolle oder Wolle sind deutlich gesünder und umweltfreundlicher. Außerdem sind sie oft abnehmbar und dürfen in die Waschmaschine.

Naturfarben statt Chemie

Achten Sie beim Kauf von Wandfarben, Putz oder Lacken auf die natürliche Basis. Kalk- und Lehmfarben sind gut fürs Raumklima und enthalten keine schädlichen Lösungs- oder Bindemittel. Zum Behandeln von Möbeln eignen sich Lasuren und Lacke auf Wasser- und Ölbasis.
Tipp: Achten Sie auf den Blauen Engel. **www.blauer-engel.de**

Gebraucht statt neu

Omas alter Kleiderschrank oder Uromas Küchenbuffet wurden noch massiv hergestellt – und zwar vom Schreiner nebenan, der den Baum für das Holz oft noch selbst gefällt hat. Wer den guten Stücken neues Leben einhaucht, bekommt deshalb nicht nur ein hochwertiges Möbelstück, sondern manchmal sogar noch eine schöne Geschichte dazu.

No-Tech statt Hightech

Wasserkocher gibt es auch aus Glas oder Edelstahl. Es muss also kein Plastik sein. Man sollte sich vor der Anschaffung von Haushaltsgeräten jedoch fragen: Brauche ich das wirklich? Denn Wasser lässt sich auch im Topf erhitzen – sehr schnell auf Gas- und Induktionsherden. Auch zum Brotschneiden benötigt man nicht unbedingt eine Maschine. Zum Messer greifen oder beim Bäcker schneiden lassen tut's genauso.

Holzbrett statt Plastik

Die Werbung gaukelt uns vor, Plastikbretter seien hygienisch und antibakteriell ausgestattet. Doch das Gegenteil ist der Fall: Mit jedem Schnitt ins Plastikbrett lösen sich Späne, die wir mitessen. In den Schnittstellen sammeln sich Bakterien an. Holz reinigt sich hingegen selbst. Die Gerbstoffe sorgen für Keimfreiheit. Und durch frische Schnittstellen im Holzbrett werden die antibakteriellen Stoffe immer wieder aufs Neue freigesetzt.

Wer Fisch und Fleisch verarbeitet, sollte zu Glasschneidebrettern greifen. Diese sind einfacher zu reinigen und deshalb sehr hygienisch. Kleiner Minuspunkt: Messer werden schneller stumpf.

Weichmacher reduzieren

Wer auf Plastik verzichtet, vermeidet eine zusätzliche Belastung durch Weichmacher. Doch einige Umstände führen dazu, dass man Produkte, die Phthalate enthalten, nicht umgehen kann – etwa als Mieter einer Wohnung mit Laminat- und PVC-Böden. Anhand dieser Tipps kann die Schadstoffbelastung reduziert werden.

— Beim Kauf von Tapeten und Wandfarben auf natürliche Inhaltsstoffe achten. Viele Wandfarben enthalten PVC und somit giftige Phthalate, die an die Raumluft abgegeben werden. Kalk- und Lehmfarben sind hingegen schadstofffrei.

— Teppiche aus Naturmaterialien verwenden. Die meisten Teppiche bestehen aus Polyester und Acryl. Antirutschbeschichtungen enthalten häufig PVC, Teppichklebern werden Lösungsmittel zugesetzt. Laut Stiftung Warentest sind diese nicht gesundheitsschädlich, für empfindliche Menschen und Kleinkinder seien sie jedoch nicht unbedenklich – vor allem Allergien drohen. Wer die Wahl hat, sollte auf Naturmateria-lien wie Kokos und Sisal zurückgreifen. Teppichrückseiten gibt es auch aus Naturlatex.

— Holzböden nur ölen. Versiegelungsmittel enthalten oft gesundheitsschädigende Schadstoffe, die Allergien auslösen können. Verzichten Sie deshalb auf spezielle Lacke zum Oberflächenschutz.

— Regelmäßig lüften! So wird belastete Luft in Haus und Wohnung ausgetauscht.

— Einmal pro Woche feucht wischen. Staub bindet Schadstoffe und Mikroplastikteilchen aus der Luft. Wischen Sie deshalb regelmäßig feucht durch. Teppiche gründlich saugen, denn an den langen Fasern haftet Staub besonders gut.

Textilien und Kleidung

Der Kauf von Kleidung stellt uns vor große Herausforderungen. Denn es reicht nicht, Kunststofffasern zu vermeiden, man sollte auch auf die Produktionsbedingungen achten. H & M und C & A zählen zwar zu den weltgrößten Händlern von Biobaumwolle, die so für uns erschwinglich wird – den Preis zahlen jedoch andere. Eine Näherin in einer Textilfabrik in Bangladesch verdient im Monat umgerechnet rund 35 Euro. Davon kann ihre Familie nicht leben. Die Folge ist bittere Armut.

Kleidung aus Plastik

In vielen Kleidungsstücken kommen heute Kunstfasern zum Einsatz. Am häufigsten sind Polyester, Polyacryl, Polyamid (Nylon) und Elasthan. Diese Fasern kommen vor allem bei Strickpullovern, Funktionskleidung, Winterjacken und -mänteln und als Nähgarn zum Einsatz.

Polyesterfasern (Mikrofaser) werden häufig aus PET hergestellt. Sie sind also ein reines Kunststoffprodukt – mit all seinen Schadstoffen. Vor allem beim Einfärben von Polyester kommen bedenkliche Zusatzstoffe zum Einsatz, da die verwendeten Dispersionsfarben sonst nur schlecht an der Faser haften bleiben. Häufige Hautirritationen treten zum Beispiel beim Tragen von Unterwäsche aus Polyester auf. Es kann zu Juckreiz, kleinen Pickelchen und Hautrötungen kommen, was auf die Schadstoffe zurückzuführen ist. Außerdem kann die Haut schlecht atmen, was zu vermehrtem Schwitzen führt.

Chemikalien in Outdoorbekleidung

Wind- und wetterfeste Kleidung ist meist sehr teuer. Dafür darf man Qualität erwarten. Die ist zumindest bei Haltbarkeit und Funktionalität durchaus gegeben. Die Herstellung von Outdoormode ist jedoch alles andere als gesundheitlich unbedenklich. Für die Spezialfasern werden PFC (polyfluorierte Kohlenwasserstoffe) verwendet. Greenpeace hat in einer Studie herausgefunden, dass PFC weltweit in Gewässern sowie im Blut von Eisbären und dem Kot von Pinguinen nachgewiesen werden kann. Die Umweltorganisation verweist auf Studien, die einen Zusammenhang der Chemikalien mit Unfruchtbarkeit, Schilddrüsenerkrankungen und Immunstörungen herstellen.

Naturfaser vs. Kunstfaser

Die Herstellung von Baumwolle belastet die Umwelt ebenso wie die Produktion von Kunstfasern. Deshalb kommt es letztlich (auch) darauf an, wie lange entsprechende Kleidungsstücke getragen werden.

Kunststoffe werden überwiegend aus Erdöl hergestellt. Ein T-Shirt aus Polyester verschlingt jedoch doppelt so viel Energie wie eines aus Naturfasern. Mittlerweile sind die Produktionsprozesse so weit vorangeschritten, dass Polyesterfasern auch aus PET-Flaschen gewonnen werden können. Dazu werden die Einwegflaschen geschreddert, geschmolzen und zu Fasern verarbeitet. Aus 25 PET-Flaschen entsteht so eine Fleecejacke. Kleidung aus Kunstfasern belasten die Umwelt jedoch nachhaltig. Ein Fleecepullover verliert bei jedem Waschgang rund 2000 Fasern, die im Abwasser landen. An nahezu allen Stränden wurden schon Kunstfasern nachgewiesen.

Leider ist auch der Baumwollanbau keineswegs umweltfreundlich. Baumwolle verbraucht Unmengen an Wasser und ist extrem anfällig für Schädlingsbefall. Für ein T-Shirt werden rund 7000 Liter Wasser benötigt. Gegen Schädlinge kommen Insektizide zum Einsatz. Die Umwelt wird dadurch stark belastet. Die Folgen: Wasserknappheit und versalzte Böden, die zusätzlich durch Pestizide vergiftet werden. Der Aralsee beispielsweise ist aufgrund des intensiven Baumwollanbaus in der Gegend fast ausgetrocknet.

Biobaumwolle als Lösung?

Für den Anbau von Biobaumwolle gelten die gleichen Regeln wie für alle Bioprodukte. Sie müssen gemäß den Vorschriften für ökologischen Landbau angebaut werden. Das Umweltinstitut München e. V. hat berechnet, dass man mit dem Kauf eines einzigen T-Shirts aus Biobaumwolle rund sieben Quadratmeter Anbaufläche vor Pestiziden und Kunstdünger bewahrt. Achten Sie deshalb auf das GOTS-Siegel. Der Global Organic Textile Standard garantiert faire Löhne, hohe Auflagen zur Betriebssicherheit und schließt Kinderarbeit aus.

Einige Hersteller ökologischer Kleidung nehmen Altkleider der eigenen Kollektion wieder zurück und recyceln die Fasern. Daraus entstehen zum Beispiel Garne, aus denen neue Stoffe gewebt werden. Vorreiter dafür sind die Firmen manomama und Patagonia.

Leder: Die menschliche und ökologische Katastrophe

Ein großer Teil des Leders für den europäischen Markt wird in Bangladesch hergestellt. Die Arbeiter werden noch schlechter bezahlt als chinesische Billigarbeitskräfte. Die Gerbereien zählen zu den meistverschmutzten Orten der Welt. Die Tierhäute schwimmen in einer giften Brühe aus Quecksilber und Chrom. Die Tagelöhner stehen mit nackten Beinen und ohne Schutzkleidung mittendrin. Millionen Liter Abwasser fließen aus den Gerbereien in stinkende Flüsse. Dazwischen leben die Arbeiter zu Tausenden mit ihren Familien. Das Flusswasser wird zum Kochen und Waschen verwendet. Die Kinder wachsen nicht und sind geistig zurückgeblieben. Umweltaktivisten in Bangladesch hoffen auf Reaktionen europäischer Kunden, um die Lederhersteller zum Umdenken zu bewegen. Das ganze Ausmaß der Katastrophe hat die ARTE-Dokumentation »Giftiges Leder« eindrucksvoll dargestellt.

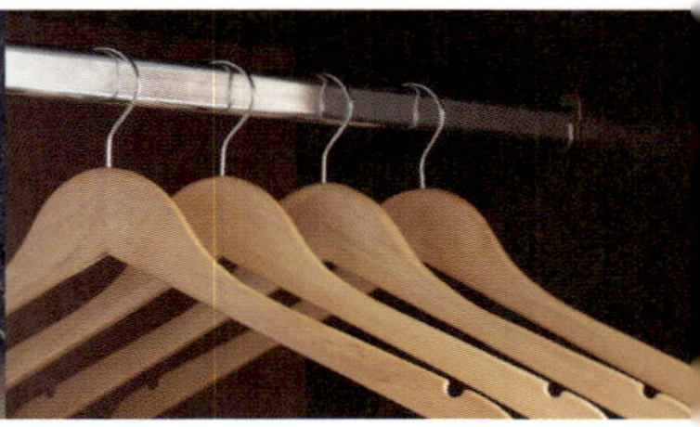

Die beste Lösung: Weniger ist mehr

Nachhaltig wird ein Kleidungsstück erst, wenn es möglichst lange getragen wird. Auch der Produktionsstandort und die Herstellungsstandards spielen eine Rolle. Wenn Sie einige Dinge beachten, halten Sie den ökologischen Fußabdruck Ihrer Kleidung möglichst klein:

Buy Quality

Leider macht es keinen Unterschied, ob Sie ein Designer- oder ein Discounter-Shirt kaufen. Denn auch viele teure Marken werden in Billiglohnländern hergestellt. Den Unterschied macht nur die Qualität. Denn ein T-Shirt, das gut verarbeitet wurde, hält deutlich länger als ein minderwertiges Produkt.

Buy Local

Es gibt nur wenige Firmen, die in Deutschland produzieren. Achten Sie dennoch auf das Herkunftsland. Denn je kürzer der Weg ist, den ein Kleidungsstück zurückgelegt hat, desto geringer die Umweltbelastung.

Buy Secondhand

Vor allem bei Kinderkleidung ab und an zu Gebrauchtem greifen. So lassen sich zum Beispiel im Kindergarten auch mal Matschhosen und Gummistiefel gegen die nächste Größe tauschen. Doch auch Erwachsene werden auf dem Gebrauchtkleidermarkt fündig. Vintage ist in, und die Kleidung aus früheren Jahrzehnten war häufig noch von besserer Qualität.

Buy Nothing

Kaufen Sie einfach weniger! Wir (Erwachsene) brauchen nicht jedes Jahr einen neuen Daunenmantel oder das zehnte Sommerkleid. Wir können nur ein Paar Schuhe zur selben Zeit anziehen und tragen keine 20 Handtaschen mit uns herum. Gönnen Sie sich gerne einmal etwas Schönes, kaufen Sie dafür aber weniger ein.

PLASTIKFREIE REZEPTIDEEN

Leider sind viele Lebensmittel in Plastik verpackt, und manchmal findet sich nur schwer kunststofffreier Ersatz. Wer beispielsweise Müsli, Kekse, Süßigkeiten oder Knabbereien kauft, bekommt eine Menge Verpackungsplastik gratis dazu. Deshalb kommt man nicht umhin, einige Dinge selbst herzustellen. Doch mit den nachfolgenden einfachen und schnellen Rezepten geht Selbermachen ganz leicht und macht Spaß.

Müsli

Müsli gibt es nur in Plastikverpackungen, auch im Biomarkt.
Die einzelnen Zutaten bekommt man hingegen fast überall in Papier und Glas.

1000 g Haferflocken Grobblatt
50 g Butter
80 g Apfeldicksaft oder Sirup
60 g Honig
Vanillezucker
Zimt nach Belieben

1. Ofen auf 180 Grad Umluft vorheizen. Butter während des Aufheizens in einer kleinen Metallschüssel im Ofen schmelzen.
2. Haferflocken aufs Backblech geben. Apfeldicksaft, Honig und Gewürze mit der geschmolzenen Butter und den Flocken mischen. Je nach Geschmack kann man das Müsli noch stärker süßen.
3. Ca. 5 Minuten backen, dann wenden und weitere 5 bis 10 Minuten im Ofen lassen, bis es leicht gold gefärbt ist.

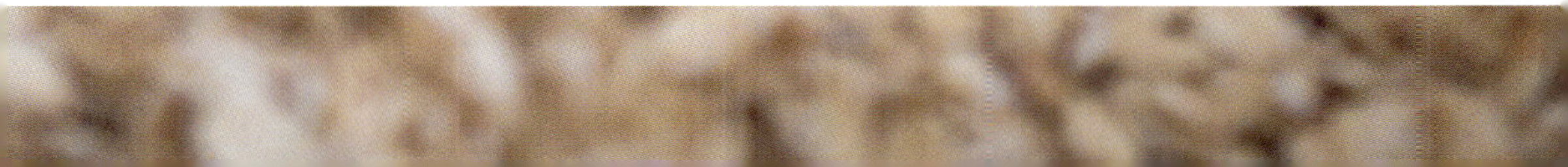

Knuspermüsli

500 g Haferflocken
80 g Butter
80 g Zucker
80 g heller Sirup oder Apfeldicksaft
75 g Mandelmus
2 TL Vanillezucker
¼ TL Salz
½ TL Zimt
50 g Nüsse

1. Ofen auf 180 Grad Umluft vorheizen. Butter, Zucker, Sirup und Wasser in einer kleinen Metallschüssel im Ofen schmelzen. Mandelmus und Vanillezucker zugeben und verrühren.

2. Haferflocken und Nüsse auf einem Backblech verteilen. Die flüssigen zu den trockenen Zutaten geben und alles gut vermengen.
3. Die Flockenmischung 15 bis 20 Minuten backen und zwischendurch wenden. Das Müsli ist fertig, wenn es leicht gebräunt und der Zucker karamellisiert ist.

Zucker- und Fettanteil kann man nach eigenem Geschmack variieren.

Müslitaler

Ergibt ca. 15 bis 20 Stück

150 g Haferflocken (Kleinblatt)

65 g Amaranth

100 g Kokosflocken, Mandeln und Nüsse

50 g Mandelmus oder Honig

2 TL Vanillezucker

½ TL Zimt

1 Tasse Ingwertee oder Wasser

1. Tee zubereiten. Den Ofen auf 160 Grad Umluft vorheizen.
2. Alle Zutaten miteinander vermengen. Den noch warmen Tee oder das Wasser zugeben.
3. Backblech einölen und mit Mehl bestäuben.
   Die Masse zu Kugeln formen und flach drücken.
   Im Ofen ca. 20 Minuten backen, bis sie leicht braun gefärbt sind.
   Dann für 5 bis 10 Minuten im Ofen abkühlen lassen.

Tipp: Die Taler mit geschmolzener Schokolade überziehen.

Mandelmilch

Ergibt ca. 500 ml

Derzeit gibt es nur Kuhmilch in plastikfreier Verpackung. Alle anderen Produkte werden im Tetra Pak angeboten. Wer eine Alternative sucht, kommt ums Selbermachen nicht herum.

100 g Mandeln, ungeschält
500 ml Wasser
Mixer, Passiertuch oder feinen Stoff

1. Mandeln mit Wasser bedecken und über Nacht quellen lassen.
2. Die gequollenen Mandeln pürieren, bis eine weiße Flüssigkeit entsteht.
3. Die Mandelmilch durch ein feines Tuch passieren und ausdrücken.

Tipp: Die Mandelreste trocknen und zum Backen verwenden.

Schokomandelkekse

Ergibt ca. 50 Stück

110 g weiche Butter
90 g Zucker
1 Ei
100 g Dinkel- oder Weizenmehl
170 g Mandeln (120 g gemahlen, 50 g gehackt)
1 g Natron
15 g Kakaopulver
1 Prise Salz, Vanillezucker
1 EL Essig

1. Backblech einölen und mit Mehl bestäuben. Butter, Zucker und Ei schaumig schlagen. Die restlichen Zutaten unterrühren, Essig zugeben.
2. Mit zwei Teelöffeln kleine Häufchen mit ausreichend Abstand aufs Backblech setzen.
3. 15 Minuten bei 180 Grad backen und im geöffneten Ofen abkühlen lassen.

Schnelle Dinkelkekse

Ergibt ca. 50 Stück

200 g Vollkorndinkelmehl

20 g Zucker

150 g Butter

1. Zutaten verkneten, Teig zwischen den Händen zu kleinen Bällchen rollen, platt drücken und aufs Backblech setzen.
2. Bei 160 Grad 15 bis 20 Minuten backen.

Ein wunderbarer Snack für Kleinkinder.

Schneller Tassenkuchen

Ergibt 2 große Tassen

- 4 EL Dinkel- oder Weizenmehl
- 3 EL Zucker
- 1 EL Kakaopulver oder Schokocreme
- 1 Ei
- 3 EL Milch
- 3 EL Pflanzenöl
- 1 EL Vanillezucker
- 1 Prise Natron

Die Zutaten zu einem glatten Teig verrühren und im nicht vorgeheizten Backofen bei 160 Grad Umluft ca. 25 Minuten backen.
Schneller geht es in der Mikrowelle. Bei 800 Watt sind die Kuchen nach zwei bis drei Minuten fertig. Jeden Kuchen einzeln backen.

Karamellbonbons

Ergibt 20 bis 30 Stück

150 g Zucker

1–2 EL Wasser

30–60 g Sahne

1. Zucker und Wasser in einem Topf bei mittlerer Hitze so lange köcheln, bis goldgelber Karamell entsteht. Nicht umrühren!
2. Den Topf von der Herdplatte nehmen und vorsichtig etwas Sahne hinzu gießen. Je mehr Sahne verwendet wird, desto weicher und flüssiger wird das Karamell am Ende.
3. Gießen Sie die fertige Karamellmasse in eine mit Backpapier ausgelegte Form geben und für ein bis zwei Stunden im Kühlschrank oder Gefrierfach aushärten.
4. Das Karamell schneiden und in Form bringen.

Die Karamellbonbons halten sich am besten im Kühlschrank!

Fruchtgummi

Tiefkühlbeeren eignen sich bestens für die Zubereitung

250 g Himbeeren oder Erdbeeren
120 ml Himbeersirup
120 ml Apfelmus
60 ml Wasser
2 ½ Teelöffel Agar-Agar
50–200 g Zucker nach Belieben

1. Beeren und Sirup in einem kleinen Topf aufkochen, bis die Beeren weich sind.
2. Im Anschluss die Beerenmischung fein pürieren.
3. Agar-Agar mit Wasser verrühren und zusammen mit Zucker und Apfelmus zur Beerenmischung geben. Für ca. 1 Minute köcheln.
4. Die Mischung in eine Schale oder Auflaufform (Größe ca. 20 x 30 cm) füllen. Für mindestens drei Stunden im Kühlschrank stehen lassen. Danach mit einem Messer in der Form zuschneiden.

Einfach und noch fruchtiger: Um eine kalorienreduzierte Variante zu erhalten, den Sirup durch Fruchtsaft ersetzen.

Chips

1 Kartoffel pro Person

4 Kartoffeln

1 TL Öl

Gewürze nach Belieben (z. B. Paprikapulver, Chili, Salz)

1. Kartoffeln schälen und mit dem Küchenhobel in dünne Scheiben schneiden. Die Stärke kurz in etwas Wasser auswaschen.
2. Kartoffeln trockentupfen und anschließend mit ein paar Tropfen Öl und Gewürzen in einer Schüssel durchmischen.
3. Kartoffelscheiben auf einem Schaschlikspieß aufreihen, sodass sie sich nicht berühren.
4. Die Spieße auf einen Schüsselrand legen. In der Mikrowelle auf 600 bis 700 Watt 6 bis 10 Minuten backen. Zwischendurch immer wieder nachsehen, ob sie schon knusprig sind.

Piadine

Für 4 Personen

Piadina ist ein dünnes italienisches Fladenbrot, das auf einer Platte oder in der Pfanne gebacken wird und zwischen Bologna und Rimini beheimatet ist. Dieses Rezept hat es ins Buch geschafft, weil es manchmal in der Küche schnell gehen muss – und gerade dann gerne auf Fertiggerichte zurückgegriffen wird, die in Plastik verpackt sind. Piadine sind in wenigen Minuten gemacht, aus Zutaten, die jeder immer zu Hause hat. Der Belag kann variieren, je nachdem, was der Kühlschrank hergibt.

160 g Dinkel- oder Weizenmehl
Salz
10 EL heißes Wasser
4 EL Olivenöl
Öl zum Backen
Parmesan, Rucola, Schinken, Salami oder
Spinat nach Belieben

1. Mehl mit einer Prise Salz, heißem Wasser und Öl in einer Schüssel erst mit dem Rührhaken, dann mit den Händen zu einem glatten Teig verkneten. 15 Minuten ruhen lassen. In 5 bis 6 Portionen teilen und auf bemehlter Fläche zu einem dünnen Fladen ausrollen.
2. Die Fladen in einer Pfanne nacheinander in einem ½ Teelöffel Öl auf jeder Seite 1 bis 2 Minuten bräunen lassen, wenden und in der Pfanne belegen.

Omas Salatsoße

Ergibt ca. 250 ml

Omas Rezepte sind die leckersten. Und selbst gemacht schmeckt immer besser als gekauft. Diese Salatsoße gelingt garantiert, dauert nur eine Minute und macht die Portionssoßen im Plastikbeutel überflüssig.

3 EL Zucker
1 TL Salz
1 EL weißer Balsamico
1 Prise Pfeffer
1 EL Oliven- oder Pflanzenöl
Wasser

Nehmen Sie ein Schraubglas mit ca. 250 bis 300 ml Fassungsvermögen. Geben Sie Zucker und Salz in das Glas und so viel Essig, dass beides bedeckt ist. Nun Pfeffer und Olivenöl dazugeben, dann mit Wasser auffüllen. Gut schütteln!

Wer mag, kann die Soße mit Senf oder Joghurt und Kräutern verfeinern.

Cracker

Vor allem salziges Knabbergebäck ist häufig nur in Plastik verpackt erhältlich. Diese Cracker sind ein einfacher und plastikfreier Snack für gemütliche Abende auf dem Sofa oder mit Freunden.

100 g weiche Butter

280 g Dinkel- oder Weizenmehl

130 g Rahmjoghurt im Glas (z. B. von Landliebe)

1 TL Salz

1 Eigelb

2–3 EL Milch

1. In einer Schüssel Mehl und Salz mischen. Mit Rahmjoghurt und Butter zu einem glatten Teig kneten. Den Teig für eine Stunde kalt stellen.
2. Teig portionsweise 2 bis 3 Millimeter dünn auf einer bemehlten Arbeitsfläche ausrollen. Die Teigplatten als Ganzes oder in Streifen geschnitten auf ein Blech setzen. Mehrmals mit einer Gabel einstechen. Eigelb und Milch verquirlen und Cracker damit bestreichen.
3. Im Backofen ohne Vorheizen bei 180 Grad Umluft 15 bis 20 Minuten backen. Wer die Cracker besonders knusprig haben möchte, lässt sie nach dem Backen im geöffneten Ofen trocknen.

Besonders lecker: Cracker mit Meersalz oder mit Käse bestreuen.

Schokocreme

Für ein 350 g Glas

Mittlerweile gibt es viele Hersteller von Schokocremes. Fast alle werden in Gläsern angeboten. Das ist erfreulich, doch bei der Herstellung kommt stets Palmöl zum Einsatz, für das Regenwald gerodet wird. Es kann ohne Weiteres durch Haselnussöl ersetzt werden. Das ist nicht nur umweltfreundlicher, sondern es schmeckt auch viel besser. Der relativ hohe Aufwand lohnt sich! Zubereitungszeit 30 bis 40 Minuten.

200 g Haselnusskerne
45 g Zartbitterschokolade, gehackt
45 g Vollmilchschokolade, gehackt
60 ml Haselnussöl
5 EL Puderzucker
2–3 EL Vanillezucker
2 EL Kakaopulver
eine Prise Salz
50–75 ml Wasser

1. Haselnusskerne im Backofen bei 180 Grad rösten, bis sie eine leicht bräunliche Farbe bekommen. Die Nusskerne auf ein sauberes Geschirrtuch legen und rubbeln, um die Schale abzulösen. Abkühlen lassen.
2. Schokolade in einer Metallschüssel im noch warmen, ausgeschalteten Backofen schmelzen.
3. Nusskerne in Küchenmaschine oder Mixer für eine Minute mahlen, bis sie leicht ölig werden und der Konsistenz von Couscous ähneln.
   Bei laufendem Motor nach und nach das Öl einträufeln, Zucker, Kakao und Salz zugeben.
4. Die geschmolzene Schokolade hinzufügen und mit Wasser zu gewünschter Konsistenz bringen. So lange pürieren, bis die Masse cremig ist.

Schokotrunk: Milch erwärmen und
1 Teelöffel Schokocreme einrühren,
bis sie sich aufgelöst hat.
Schmeckt wunderbar schokoladig und
ist garantiert plastikfrei.

Erdbeersirup für Fruchtjoghurt

Ergibt 4 Flaschen à 500 ml

Gekaufter Fruchtjoghurt ist häufig stark gezuckert – und wird oft im Plastikbecher angeboten. Dieser Sirup ist schnell hergestellt und kann einfach unter Naturjoghurt gerührt werden. Zubereitungszeit ca. 45 Minuten.

1,3 kg Erdbeeren

Zitronensaft

500 g Zucker

500 g Gelierzucker 1:2

1. Erdbeeren waschen, putzen, vierteln und 1 Kilogramm abwiegen.
2. 1 Liter Wasser kochen. Erdbeeren mit kochendem Wasser übergießen und etwa 20 Minuten ziehen lassen. Wer möchte, kann die Erdbeeren mit einem Kartoffelstampfer zerdrücken, dann wird's fruchtiger.
3. Anschließend in ein Sieb geben und gut abtropfen lassen. Flüssigkeit auffangen und Zucker, Zitronensaft und Gelierzucker untermischen. Unter Rühren zum Kochen bringen und 2 Minuten sprudelnd kochen lassen.
4. Sofort randvoll in heiß ausgespülte Flaschen füllen und verschließen.

Passt hervorragend zu Naturjoghurt und Haferflocken.
Haltbarkeit: 2 bis 8 Monate (je nach Lagerung).
Tipp: Erdbeeren selbst zu pflücken macht Spaß und spart Verpackung.

Erdbeersirup

Basistomatensoße

Für ca. 12 Gläser à 500 ml

»Platz ist in der kleinsten Hütte.« Getreu diesem Motto können Sie, selbst wenn Sie keinen Garten haben, Gemüse und Kräuter anbauen. Ein Tomatenstrauch gedeiht auch auf dem Balkon sehr gut. Bei reicher Ernte können Sie Vorräte anlegen. Denn selbstgemachte Tomatensoße schmeckt nicht nur besser, Sie wissen auch, was drin ist und vermeiden Verpackungsmüll.

8 kg Tomaten

6 Knoblauchzehen

5 Zwiebeln

1–2 Bund Kräuter (z. B. Rosmarin, Salbei, Thymian)

2 frische Chilischoten

360 ml Olivenöl

Salz

Zucker

4 EL Balsamicoessig

1. Tomaten waschen, Stielansätze entfernen, Fruchtfleisch grob würfeln. Wer die Soße lieber cremiger mag, kann die Kerne weglassen. Kräuter waschen, Chili und Zwiebeln fein würfeln, Knoblauch schälen und zerkleinern. Zwiebeln, Knoblauch und Chili mit dem Olivenöl glasig dünsten. Tomaten zugeben. Kräftig mit Salz und Zucker würzen.
2. Die Kräuter ungeschnitten oder im Bund dazugeben. Für ca. 30 bis 40 Minuten ohne Deckel einköcheln lassen.
3. Die Kräuter entnehmen. Die Soße nun pürieren und mit Salz, Zucker und Balsamico abschmecken. Nochmals kurz aufkochen. Sofort in Gläser füllen und verschließen. Ein zusätzliches Einkochen ist nicht notwendig.

Die Gläser können Sie immer wieder verwenden. Reinigen Sie sie jedoch gründlich. Zum Sterilisieren mit kochendem Wasser ausspülen oder im Ofen bei 120 Grad für mindestens 10 Minuten erhitzen.

SERVICE

Häufig gestellte Fragen

Ist ein Leben ohne Plastik teurer?

»Ein Liter Milch in der Glasflasche kostet doppelt so viel wie die Tetra-Pak-Variante beim Discounter. Sie werden aber schnell feststellen, dass Sie weniger konsumieren, weniger wegwerfen und viele Dinge überhaupt nicht mehr kaufen. So sparen Sie viel Geld.
Und wer schon jetzt, zum Beispiel beim Kauf von Haushaltsartikeln, auf Qualität achtet, wird erstaunt sein, wie günstig plastikfreie Alternativen sind. Viel Sparpotenzial gibt es bei Süßigkeiten, Putz- und Waschmitteln und im Bereich Bad und Hygiene.«

Darf ich meine Dosen zum Einkaufen mitnehmen?

»Grundsätzlich ja, solange der Behälter auf der Theke stehen bleibt. Weigern kann sich der Verkäufer dennoch, denn letztlich bleibt es jedem Einzelhändler selbst überlassen, ob er sich darauf einlässt. Hygienevorschriften können aber nicht vorgeschoben werden. Sie werden staunen, wie viele Verkäufer positiv auf Sie und Ihre Döschen reagieren.«

Muss ich jetzt auf alles verzichten?

»Auf Plastik zu verzichten bedeutet keinen Verzicht und schon gar keinen Verlust. Im Gegenteil: Befreien Sie sich von Dingen, die völlig unnötig sind. Auch wenn es unglaublich scheint, es gibt Produkte, die benötigen wir nicht in unseren Haushalten – und auf unserer Einkaufstour.«

Wie schwer ist der Umstieg?

»Gehen Sie ruhig Schritt für Schritt vor. Fangen Sie dort an, wo es Ihnen am leichtesten fällt. Schreiben Sie sich in Ruhe auf, was Sie benötigen, und notieren Sie auf Ihrem Einkaufszettel, was dazugehört: zum Beispiel Dose für Wurst, Karton für Eier. Und wenn Sie doch mal was vergessen: Ohne Korb kann der Einkauf auch auf dem Autositz oder in der Handtasche verstaut werden, notfalls gibt es in fast jedem Supermarkt Kartons. Haben Sie Ihre Box vergessen, kann man sich Käse auch nur in die Papiertüte stecken lassen.«

Braucht man mehr Zeit?

»Im Gegenteil: Beim Einkaufen sparen Sie Zeit! Wenn Sie ›Ihren‹ Laden kennen, finden Sie schnell, was Sie brauchen. Plastikprodukte lassen Sie links liegen. Keine Angst vorm Selbermachen. Es klingt zunächst nach viel Aufwand, geht jedoch deutlich schneller, als Sie denken, und rasch hat man Übung darin – Badreiniger ist zum Beispiel in zwei Minuten gemacht.«

Muss ich jetzt alles wegkippen?

»Nein. Brauchen Sie Ihre Reste von Putzmitteln, Shampoos und Duschgels nach und nach auf. So vermeiden Sie zwar nicht sofort Schadstoffe, handeln aber zumindest nachhaltig, vor allem, wenn Sie die leeren Behälter wiederverwenden.«

Weg damit: Wie bringe ich's den Kindern bei?

»Seien Sie nicht zu streng. Machen Sie Ihren Kindern klar, dass Plastik nicht gesund ist, und verdeutlichen Sie (verständlich), welche Lebensmittel Sie von nun an nicht mehr kaufen möchten. Lassen Sie Ausnahmen zu, etwa wenn Oma mit Gummibärchen vor der Tür steht oder das Kind (noch) nicht auf seine Frühstücksflocken verzichten mag.«

Ist plastikfreies Einkaufen wirklich umweltfreundlicher?

»Ja, denn Plastik baut sich erst nach 100 bis 500 Jahren ab. Wir haben unsere Tipps von Umweltexperten, Biochemikern, Ärzten und Abwasserspezialisten bestätigen lassen. Alle Rezepte wurden von uns getestet. Eine Garantie können wir dennoch nicht übernehmen.«

Was ist das und wo finde ich das?

Enthärter

Wäsche waschen:
Enthärter bestehen aus Natrium-Aluminium-Silikat. Bei der Verwendung von Wasserenthärtern reicht die Mindestmenge an Waschmittel.

Im Bioladen, z. B. von Sodasan

Kernseife

Waschmittel, Fensterputzen, Geschirrspülen, Fleckenspray:
Kernseife überfettet nicht und ist deshalb ein gutes Reinigungsmittel. Die meisten Kernseifen sind aus Palmöl, Kokosöl oder tierischen Fetten. Kaufen Sie Kernseife ohne EDTA. Dieser Stoff gilt als ökologisch bedenklich, da er nur schwer abbaubar ist.

Im Bioladen oder Reformhaus, z. B. von Sonett

Kokosöl

Hautpflege, Zahncreme, Haarspülung, Make-up-Entferner, Feuchttücher:
Kokosöl wird aus der Kokosnuss gewonnen. Achten Sie beim Kauf auf Bioqualität und auf den Verzicht von Konservierungsstoffen und Emulgatoren. Kokosöl wirkt antibakteriell und ist ein wahrer Alleskönner.

Bioladen oder Einzelhandel, z. B. von Bio Planète

Natron | Natriumhydrogencarbonat

Backtriebmittel, Reiniger, Pflegeprodukte:
Natron ist eines der beliebtesten Hausmittel. Es ist vielseitig einsetzbar, zum Beispiel als Reiniger, in selbst gemachten Pflegeprodukten wie Deos oder gegen Sodbrennen.

Im Einzelhandel, z. B. von Kaiser

Schlämmkreide | Calziumcarbonat

Scheuermittel, Zahnreiniger:

Schlämmkreide ist ein Naturprodukt. Es wird aus Kreidefelsen gewonnen und ist sehr ergiebig.

Am besten in der Apotheke in ein mitgebrachtes Glas abfüllen lassen.

Sheabutter

Cremes:
Sheabutter ist eines der wertvollsten Fette in der Hautpflege. Sie wird aus der Sheabeere gewonnen. Shea enthält Allantoin (z. B. auch in Beinwell). Es unterstützt die Wundheilung und hilft gegen Hornhautbildung.

Bisher nur online im Glas, z. B. www.hinterauer.info/shop

Waschsoda | Natriumcarbonat

Wäsche waschen:
Waschsoda ist ein bewährtes Waschhilfsmittel. Es löst Schmutz und entfernt Gerüche. So spart man Waschmittel und schont die Umwelt. Soda bindet zudem Säuren im Abwasser. Achten Sie darauf, dass Soda nicht in Kontakt mit Augen und Schleimhäuten kommt, da es Reizungen hervorrufen kann.

Im Einzelhandel, z. B. von Holste in Papier mit Plastikbeschichtung

Zitronensäure

Entkalker, Wasserenthärter:
Zitronensäure kommt als organische Substanz in vielen Früchten vor. Unser Haushaltsmittel ist jedoch kein Naturprodukt. Sie entsteht durch Zersetzung zuckerhaltiger Glukose, die von einem Schimmelpilz gewonnen wird. Zitronensäure gibt es auch in Lebensmittelqualität, sollte aber nur in geringen Mengen verzerrt werden.

Im Einzelhandel, z. B. von Heitmann

Einkaufstipps

Alltagsgegenstände, Küchen- und Badezimmerbedarf

www.beechange.com
www.keenforgreen.de
www.kivanta.de
www.monomeer.de
www.plasticarian.at
www.prodana.de

Obst-, Gemüse- und Brotbeutel

www.naturtasche.de

Flaschen und Einmachgläser

www.glaeserundflaschen.de

Tee und Gewürze

www.sapori-colori.com
www.wurdies.de

Bionudeln

www.lavialla.it/de

Seifen und Naturkosmetik

www.naturseifen-manufaktur.de
www.steffis-hexenkueche.com
www.sauberkunst.de

Amaranth, Backpulver, Getreide, Kakao, Kräuter, Mandeln, Natron, Nüsse, Sheabutter, Waschsoda, Xylit

www.hinterauer.info
(Hinweis »Plastikfrei« bei der Bestellung angeben)

Unverpackt-Geschäfte

01099 Lose, Dresden
04275 Einfach Unverpackt, Leipzig
10999 Original unverpackt, Berlin
24103 Unverpackt, Kiel
28215 Culinaria, Bremen
30171 LoLa, Hannover
48145 Natürlich Unverpackt, Münster
55118 Unverpackt, Mainz
53123 Freikost Deinet, Bonn
69120 Annas Unverpacktes, Heidelberg
71277 Schüttgut, Rutesheim
73525 Regional & Unverpackt, Schwäbisch Gmünd
76139 Unverpackt, Karlsruhe (ab Mai)
80798 Ohne Laden, München
94032 Unverpackt, Passau
99610 Louise genießt, Sömmerda

A-1020 Lunzers Maß-Greislerei, Wien
A-4040 holis market, Linz
A-6020 Liebe & Lose, Innsbruck
A-6845 Frida Bioladen & Café, Hohenems

Verpackungsreduziert

Biosphäre, Berlin
bioundnah, Nürnberg
Bio-Nette, Nottuln (bei Münster)
Matzer & Kornwaage, Graz
BachserMärt, Schweiz (mehrere Standorte)

Fair-Trade

Einige fair gehandelte Artikel sind ohne Plastikverpackung erhältlich. Eine Übersicht aller Fair-Trade-Produkte mit Verfügbarkeit gibt es auf www.fair-trade-deutschland.de.

Die Autorinnen

Anneliese Bunk und Nadine Schubert sind wahre Profis der Plastikvermeidung. Vor über zwei Jahren haben sie den gesundheitsschädlichen Stoff aus ihren Leben verbannt. Darüber hinaus sind die Lebensumstände der beiden Mütter zweier Kinder sehr verschieden:

Nadine Schubert ist Journalistin und lebt in einem fränkischen Dorf. Ihre Erfahrungen und Alternativen teilt Sie in ihrem Blog auf besser-leben-ohne-plastik.de.

Die Designerin **Anneliese Bunk** ist in München zu Hause und sie beweist, dass »plastikfrei« auch in der Großstadt problemlos funktioniert. Sie produziert die Naturtasche.de: einen Baumwollbeutel, der den Einkauf loser Lebensmittel ermöglicht, ohne dabei Müll zu produzieren.